内村鑑三の伝道論

Kanzo Uchimura

なぜ宗教が必要なのか

内村鑑三

本書は、明治・大正・昭和を通じて、無教会派キリスト教創始者としてキリスト教布教を行う一方、教育者、社会評論家、ジャーナリストとしても活躍した内村鑑三（一八六一～一九三〇）による、「伝道」に関する論文や記事をまとめたものである。出典の大部分は、内村が三〇年間にわたり主筆として刊行した雑誌「聖書之研究」（聖書研究社刊）に掲載された文章から成り、編集にあたって、『内村鑑三信仰著作全集17 伝道』（教文館）を参考とした。

第一章「宗教はなぜ必要なのか」は、伝道の前提となる宗教の必要性や福音の意味を問い、伝道の目的を明らかにしている。

第二章「私の伝道方法」では、伝道の方法や成功の秘訣などについて内村自身の体験をふまえて具体的に論じている。

第三章「伝道と政治」は、伝道がすべての職業に通じていることを示し、とりわけ政治と宗教の

内村鑑三

関係を「正義」の観点から考察している。

第四章「真の伝道師になれ」では、伝道の勧めを説くとともに、伝道の妨げとなる障害を取り除き、真の伝道者になるとはどのようなことか、伝道者として心がける点を明らかにしている。参考事例として、東北地方や中国（中華民国）、マダガスカル島におけるキリスト教布教を述べている。

第五章「いざ、世界伝道へ」は、世界伝道に対する熱い情熱が語られており、最後に、特別収録として、内村の母校、札幌農学校の初代教頭であるクラーク博士の伝道を讃える回想録と、明治・大正期のプロテスタント指導者、横井時雄への追悼を付した。

本書を編集するにあたって、原著での記述で重複している箇所は整理し、現代の読者にも読みやすいように、一部言葉遣いを改めている。

「教養の大陸」編集部

内村鑑三の伝道論　目次

③伝道の目的

第二章　私の伝道方法

①伝道の決意

② 伝道への第一歩

③ 伝道成功の秘訣

第三章　伝道と政治

①伝道と職業

②政治と正義

第四章　真の伝道師になれ

①伝道の勧め

②伝道できない言い訳を捨てよ

第五章　いざ、世界伝道へ

特別収録

1．クラーク先生の思い出

第一章

宗教はなぜ必要なのか

① 宗教の必要性

宗教は人生に必要か

宗教は、はたして人生に必要であるか。世の中に宗教があるのは事実である。宗教のない国民というものはなく、また宗教のない人というのもいないはずである。しかし、世には宗教が必要であることを認めない人がたくさんいる。実業の必要性、経済の必要性、政治の必要性、学術の必要性を認めない者はいないが、宗教となると、その必要性を認める者は至って少ない。

故福沢諭吉氏のように、「宗教は愚民を導くのに有用である。女性と子供を教えるのに便利である。しかし知者（たぶんご自身を指して言われたのであろう）には必要ない。知者は宗教を省いてもよい」と言う人はこの世にたくさんいる。特に、この日本にはたくさんいる。

しかし、事実は本当にそうであるか。宗教は政治・経済とは異なり、ある種の人にのみ必要なものであるか。これは我らが攻究《こうきゅう》〔深く調べること〕しなければならない問題である。

世の中には「学問は必要でない」と言う人がいる。「人に必要なものは衣食住であり、それさえあれば人生のすべてが足りる」と言う。こういう人は、衣食住を得るために全勢力を消費している。「富が足りれば、徳が足りる」と彼らは言う。「衣食足りて礼節を知る」は彼らの決まり文句である。しかし、少しでも物事の道理が分かる人から見れば、こういう人はかなり浅薄な人である。

人はパンのみで生きる者ではない。人には哲学も要る。詩歌も要る。美術も要る。知識は決して人間のぜいたく品ではない。必要なものである。食物を消化《こな》すために胃の腑《ふ》があるように、真理を受けるために心《マインド》がある。

人は食物の欠乏によって飢えるように、知識の欠乏によって飢える者である。知識は確かに一種の食物である。食物よりもさらに高尚で、より必要な食物である。

宗教はすべての人が欲するもの

しかし、人は知識をもってしても、まだ足りる者ではない。人には知識以上に要求するものがある。人は一種の永久性を具《そな》える者であって、この性質もまた食欲や知能と同様に充《み》たされることを要求するのである。この要求において、知者と愚者の区別はない。人である者には誰でも必ずこの要求があるのだ。

「人は学問に上達すれば、他に求めるべきものはなくなる」と言う人は、まだ学問がどういうものかを知らない者である。学問は人を満足させるものではない。学問の特性は、学問をすればするほど、ますます自分の無学を感じさせるところにある。幸福という一点から言えば、無学の人は学者よりもはるかに幸福である。

ニュートンのような大学者ですら、自分の無学を嘆いてやまなかった。哲学者ハーバート・スペンサーのような人でも、「人は知識のみをもって足る者ではない」と言って、宗教の必要性を認めた。まったく無宗教の学者などいない。もしいるとすれば、心に大きな欠乏を感じる人である。あるいは、学理の追究を余儀なくされて、やむを得ず宗教が不必要であると唱える者である。

「ただし人のうちには霊あり。全能者の気息《いき》、人に聡明《さとり》を与う」（ヨブ記三二章八節）とある。これは心理学上の事実である。

人は誰にでも霊という器能《きのう》がある。これは「神の気息」、すなわち永久者の霊によってのみ充たされるものである。ちょうど食物を受けるための胃の腑があり、知識を受けるための心《マインド》があるように、全能者の霊を受けるための霊魂がある。この霊性、すなわち宗教性のことを、近世の心理学者は自覚而下的自我《サブコンシャス・セルフ》（潜在意識自我）と呼ぶ。感能や知能以下の自我、自我であることを知っていても求めても自覚することのできない自我、自我の最も深いところ、深淵が深淵に応《こた》えるところ、自我が永久者と接触するところ、自我の大洋の下層流、個人の自我が宇宙の自我とつながるところ……このような領分が人の内にはあるのだ。

宗教とは、この深い領分を養い、充たすことなのである。

宗教の欠乏によって、人は飢《き》渇《かつ》を感じる

「キリストの血と肉」とは、人の宗教性を養うための唯一の飲み物、食べ物である。このことは、キリストを味わったことのある人なら誰もがよく知っていることである。これは迷信ではない。実体験である。常識に富み、知識に富む人でも、事実として認めざるを得ないものである。

こういうことから、人に宗教が必要であることが分かるのだ。人の食欲に応ずるために食物は必要である。人の心を養うために知識は必要である。人の宗教性＝自覚而下的自我《サブコンシャス・セルフ》を充たすために、宗教は必要である。世に食欲のない人はいな

いように、宗教性のない者はいない。
人は食物の欠乏によって飢餓を感じるように、宗教の欠乏によって飢渇《きかつ》を感じる。普通、こうした宗教的飢渇を称して、寂寥《せきりょう》という。心の奥底において感じる無限の寂寥は宗教的栄養不足の最も明白な兆候である。ヘブライの詩人はこのように歌った。
「ああ神よ、鹿《しか》の溪水《たにがわ》を慕いあえぐがごとく
我が霊魂《たましい》は汝を慕いあえぐなり」（詩篇四二篇一）
これこそ人の真情である。のどの渇《かわ》いた鹿が溪水を慕うように、人はみな心の深いところで神を慕っている。ある人は、ただ我慢してこの切なる要求を外に発しないまでである。「私は無宗教である」と誇る人も、深いところにおいては確かに神を求めている。アメリカの詩人ウォルト・ホイットマンはこのように言った。
余は確かに知る、余の大いなる僚友の存することを
「大いなる僚友」がいることを知らない人は最も憐れな者である。

宗教のない人は、根のない植物のように早く枯れる

宗教を持たない人は、脚荷《バラスト》〔船のバランスを取るための重し〕のない船のようなものである。船底が軽いために、たいへん転覆しやすい。

また、宗教を持たない人は、挿花《いけばな》のようなものである。今は咲き誇っていても、根がないために早く枯れる。

人は自分の深いところに神を蓄《たく》わえて、自分自身に永久の重量《おもみ》を付すべきである。また、人は根を宇宙の本源にまで広げて、永久の生命を吸い取るべきである。宗教は有限の人に無限性を与えるものである。

これが宗教である。宗教とは寺院ではない。教会でもない。規則でもない。儀式でもない。また経文でもない。聖書でもない。宗教とは永久的生命である。あるいは、この生命を自己に摂《と》ることである。この生命とその摂取なくして、宗教

はない。

伝道とは生命を与えること

そういうものが宗教であるとすれば――そういうものでなくてはならないのだが――伝道とは何であるかは明白である。

伝道は単に道を説くことではない。「説教こそが伝道である」と思っている世間の普通の宗教家は、宗教の「いろは」をも知らない者である。伝道とは教勢拡張ではない。社会改良ではない。国家救済ではない。洗礼ではない。晩餐式ではない。伝道とは――この文字がたいへん誤解を与えやすいのだが――霊的生命を他に与えることである。自覚而下的自我《サブコンシャス・セルフ》を養うことである。

宗教とは、政治、経済、医術と同じく、明白なる目的を持った明白なる事業である。単に歌や弁舌で行う老若男女の慰安術ではない。曖昧模糊《あいまいもこ》を本領とする夢想家のたわごとではない。宗教は、実物でもって実用に応じる確実な事業である。したがって、この深く確実な生命を知らない者は、どれほど弁舌が巧みであっても、どれほど神学を広く学んだとしても、どれほど政治的な技量に長《た》けていても、伝道者であることはできない。

世に資本なしで商業に従事する者はいない。もしいれば、それは山師である。それと同じように、世に宗教的生命なしで伝道に従事する者はいないはずである。もしいれば、それもまた山師である。

神を見たことのない者、神の声を聞いたことのない者、自我の深いところで常に「宇宙我」の注入を受けていない者は、役僧《やくそう》〔寺院の事務を扱う僧〕であろうと、監督《ビショップ》〔プロテスタントの高位聖職者〕であろうと、大知識〔たいへん優れた僧侶〕であろうと、神学博士であろうと、ひとまず伝道を中止するべきである。

② 福音の意義

なぜ福音が必要なのか

伝道は何のためにするのか。これは伝道者にしばしば起こる問題である。人に道を伝えて、その人がこれを信じて真の信者になることはめったにない。召される者は多く、選ばれる者はまれである。労力に比べて効果が少ないことであって、伝道の実りはない。そのため、多くの伝道者は伝道をやめて、政治や実業、あるいは、その他の事業に入っていく。

もし伝道がこの世限りのことであるならば、今日直ちにやめるのが知恵である。伝道によって人は容易に信者にならず、社会は改まらず、国は救われない。しかし、伝道はこの世限りのことではない。

「それ審判《さばき》は、神、イエス・キリストをもって、我が福音によりて、人の隠れたることを裁きたまわん日に成るべし」（ロマ書二章一六節）とあるように、終わりの審判の日に、神がすべての人をお裁きになるとき、福音は、神にとっても、また人間にとっても必要であるだろう。

キリストの福音のことを「永遠《とこしえ》の福音」（黙示録一四章六節）と称するのも、このためであろう。福音はこの世限りのものではなく、永遠に有用なるものであるということなのであろう。

自己に目覚めたとき、福音は必要不可欠なもの

人には、誰でも自己に目覚めるときが来る。もしこの世において来なければ、来世《つぎのよ》において来る。そして、そのときは恐ろしいときである。自己の罪を認めさせられて、神の前に裸で立つときである。そのときに、人はどこに助けを求める

のか。

「キリストの血、すべての罪より我らを潔《きよ》む」〈ヨハネ第一書一章七節〉とは、このような場に際して真の福音である。

福音は眠れる霊魂にとっては何の必要もない。けれども、ひとたび目覚めて、正義でもってお裁きになられる神の前に独り立つとき、キリストの十字架以外に隠れ場などないのである。そのときには、福音はまことに福音である。福音があるからこそ助かり、福音がないと滅びるのである。福音は、人が自分自身の罪に目覚めるときに、必要かつ欠いてはならないものである。

そのときのために、我らは今、福音を説いているのである。我らは今、社会国家にとって無用な物として卑しめられているが、そのときになれば、我らの辛労は認められるであろう。そのときに多くの背教者は我らに感謝するであろう。彼らは再び救いの岩を発見して安全を得るであろう。そして我らもまた、そのときを待ち望み、今は「世の汚穢《あくた》で万物《よろずのもの》の塵垢《あか》」として扱われても、耐え忍んで伝道を続けるであろう。

伝道は人のためではない。神のためである。神が伝道せよと命じられたためにするのであって、人や社会や国家のためにするのではない。福音はある人を救い、ある人を滅ぼす。それは、やむを得ないことである。

「この幼子《おさなご》は、イスラエルの多くの人の滅び、かつ興《おこ》らんことと、言《い》い逆《さから》い（反対）を受けるそのしるしに立てらる」（ルカ伝二章三四節）と、老いたシメオン（注1）がイエスの母マリヤに告げた。

イエスによって多くの人が興っただけではなく、滅びもしたのである。真理とその体現者には、このようなことがあることは当然である。パウロも、自身を神に捧げられるキリストの香ばしい香《におい》にたとえて、こう言った。

「滅ぶる者のためには死の香《におい》になりて、彼らを死に至らしむ。されども救わるる者のためには生《せい》の香にして、彼らを生に至らしむ」（コリント後書二章一六節）

福音によって救われる人がいて、滅ぶ人がいる。それはなにも伝道の善し悪しによるのではない。福音の性質がそのようにさせるのである。

（注1）幼子イエスを抱き上げた人。抱神者《ほうしんしゃ》シメオン。

③伝道の目的

キリスト教伝道は今と昔では天と地ほどの差がある

今では伝道と言えば、人に善道を伝えて善人にすることである。善き家庭の人にすることである。善き市民にすることである。善き社会の一員にすることである。この世における善人にすることである。今や教会とクリスチャンは、この世を離れての伝道には従事しない。彼らにとって伝道は社会奉仕《ソーシャルサービス》である。人を良くし、社会を良くし、この地上の生涯を円満、清潔、幸福にすること、それが彼らの伝道の目的である。このことは、彼らの伝道報告なるものが十分に証明している。

伝道報告には、たとえば、「誰だれが驚くべき回心を経て、こんな善人となり、こんな善行をしました」とか、「社会はこのように改まりました」とか、「慈善金がいくらか集まり、何人かの貧民が養われました」とか、「学校がいくつできて、何人の生徒が養成されました」とか、「我が教会に何人の勅任官《ちょくにん》〈明治憲法で天皇の勅令により任用された官吏〉がいます」、「我が教会は衆議院に議員を送り込みました」、「学士を何人、博士を何人出しました」とか、「京都の同志社大学によって新日本は起こりました」などとある。

これらはみな教会ならびに伝道会社〈伝道協会〉の伝道報告に見られるもので、これを読んで世の人は、キリスト教の伝道というものはこの世の進歩や開発に貢献することが非常に多いことを知り、教会もこういう報告をして、功績の多いことを世に誇るのである。

しかし、これが果たしてキリスト教伝道の目的であるのか。キリストと使徒たちと初代の信者たちは、果たしてこのような目的でもって伝道に従事したのか。このことを問いたいところである。

私が見るところでは、今の伝道と昔の伝道は、その目的において天と地ほどの違いがあるのである。

イエス・キリストの驚くべき計画

キリストの目的は神の国の建設にあった。しかも神の国は、今、この世に実現されるべきものではなかった。キリストは「神の国は近づけり」と言われたが、「神の国は来たれり」とは宣《の》べられなかった（ルカ伝一一章二〇節の場合は別である）。

「今は汝ら（彼の敵）のとき、かつ、闇の支配のときなり」（ルカ伝二二章五三節）と言われた。「我が国はこの世の国にあらず……我が国はこの世の国にあらざるなり」（ヨハネ伝一八章三六節）と、キリストは繰り返して言われた。

キリストは神の国の建設を未来に期待されたのだ。しかも、この世の未来においてではない。この世が終わった後の来世において期待されたのだ。この点において、キリストとこの世の改革者たちとの間には、天と地の差があった。

キリストは不完全なこの世については満足されなかった。万物の改造を経た後の新天新地《しんてんしんち》（注2）において王であることが目的であった。キリストはとうていこの世の教師ではなかった。キリストとキリストの目的を成就すべきこの地との間には、深くて広い死の溝が横たわっていた。

キリストは、死後の復活の後にキリストの国の建設を期待された。驚くべき計画である。この世の知者の眼には狂愚《きょうぐ》のように見える計画である。しかもイエスは、真剣にこの計画の実行に身をゆだねられた。そしてこの国を紹介し、この国の市民をつくることがイエスの伝道の目的であった。

これから来ようとする世において現れるであろうイエスの国の市民を召集し、磨き、完成することこそがイエスの伝道の目的であった。「世の子ら」の中より「光の子ら」（ルカ伝一六章八節）を招くこと、そして彼らを教え導いて、「復活《よみがえり》の子」（同二〇章三六節）にすること。それがイエスの伝道の主眼であったのだ。

（注２）聖書で預言されているイエスが復活して後の世界。

天国建設者としてのメシアの自覚

イエスはもちろん、このことをなすにあたり、他のことを怠られることはなかった。イエスは至るところで恵みを施された。彼のところに来るすべての病人や、鬼〔悪霊〕に憑依された者を癒《い》やされた。イエスの徳は至るところに流れ出でて、イエスの衣に触れる者までが憂患《わずらい》を癒やされた。しかし、これがイエスがこの世に降りられた目的ではなかった。イエスの伝道の目的ではなかった。

イエスは、世の人々がイエスの天職はここにあると思われることをおそれて、しばしばイエスによって病を癒やされた者に戒めて言った。「汝、慎んで、このことを人に告げることなかれ」と。

イエスはご自身がキリスト、すなわちメシアであることを自覚された。しかしながら世の人が考えるようなメシアではないことをよくご存じだった。

イエスはこの世が求めるメシアではなかった。天国建設者としてのメシアであった。世はイエスの真の目的を知らなかった。イエスのみ、自身の目的をよくご存じだった。世の人が見て高徳とされることは、イエスご自身にとってはそれほど高徳ではなかった。イエスの特殊なご事業は、病者を癒やし、貧者を養い、その他、この世の状態を良くすることではなかった。

その特殊なご事業と称するべきことは、イエスがみずから進んで十字架の死を味わって、天国の門を開くことであった。次いで、死から甦って、不朽と永生《えいせい》を明らかにすることにあった（テモテ後書一章一〇節）。

そのために、イエスはこの世に降りられたのである。彼の生涯の目的はここにあったのである。イエスについて世の人に知ってほしかったことは、まさにここにあったのである。

キリストに関するそれ以外のことは比較的細事《さいじ》である。けれども、彼の死と復活を知ることなくして、キリストを知ることはできないのである。

使徒たちの伝道の目的——天国の市民養成

イエスの伝道の目的はここにあった。使徒たちの伝道の目的もまたここにあったのである。使徒たちも、今の宗教家のように、この世の改善を活動の主眼とはしなかった。

「神、異邦人を顧み、その中より、おのが名をあがむる民を取りたもう」（使徒行伝一五章一四節）とは、使徒たちに示された神の聖旨《みこころ》であった。そして使徒たちは慎んでこの聖旨に従ったのである。

神には、神が聖国《みくに》に召された民があった。そして使徒たちはこの民を召集する任に当たったのである。彼らはその意味において特に使徒であった。彼らは天国の市民として召された者に神の召喚状を伝達する者であった。

「すべてのことは、神の旨《むね》によりて召されたる、神を愛する者のために、ことごとく働きて益をなすを、我らは知れり。それ神はあらかじめ知りたもうところの者を、その子のかたちにならわせんとて、あらかじめこれを定む。また、あらかじめ定めたるところの者はこれを召し、召したる者はこれを義とし、義としたる者はこれに栄えを賜えり」（ロマ書八章二八―三〇節）

これが神の民の救済《すくい》にかかわる神の順序書《プログラム》である。そして、使徒たちは慎んでこの順序書に従って使命を果たしたのである。これを一言で言えば、使徒たちは、神からゆだねられた天国の市民を養成することを活動の主眼としたのである。「しみなく、しわなく、聖《せい》にして傷なき、栄えある教会《エクレージャ》（召し出されし者の一団）」（エペソ書五章二七節参照）を神の国実現のときにあたって主《しゅ》に捧げたいとして、彼らは労苦したのである。

パウロはピリピにいる信者にこう書き贈った。「キリストの日に、我をして、我が行いしところ労苦せしところのことのむなしくならざるを喜ばしめよ」（ピリピ書二章一六節）

すなわち救済《すくい》とは、使徒たちにとっては、この世のことではなかった。「キリストの日」においてのことであった。その日そのときに、彼らにゆだねられた者を「きよきむすめとしてキリストに捧げん」（コリント後書一一章二節）とすることが伝道の目的であった。

使徒たちの目は常に「その日」の上に注がれた。「その日」に主にほめられたいと願った。「その日」に彼らの労苦を認められることを願った。彼らはこの世にありながら、すでにこの世の者ではなかった。彼らの行動はすべて「その日」、すなわち、かの世〔あの世〕のためであった。

使徒たちはなぜこの世を感化できたのか

使徒たちの目的が常にかの世にあったために、彼らはこの世を著しく感化したのである。朽ちることのない生命《いのち》の能《ちから》に従って立ち上がった使徒たちは、朽ちてゆくこの世の生涯を深く強く感化したのである。この世に無頓着な彼らが、最も多くこの世に利益を与えたのである。社会事業は使徒たちの本業ではなかった。副業であった。

社会奉仕《ソーシャルサービス》として伝道に従事する今の教会の伝道に見るべきものがないのは、ともすれば不思議に思うことでもない。彼らが天国の民をつくることができないのはもちろんのこと、彼らはこの世の聖人も君子もつくることはできない。彼らの社会事業は白く塗った墓である。「外は美しく見ゆれども、内は骸骨《がいこつ》と、もろもろの汚れにて充つ」(マタイ伝二三章二七節)。

我らがまず第一に獲得すべきものは、明確なる救済の希望である。我らが努めてするべきことは、キリストの教示に従い、使徒たちに倣《なら》い、かの日において現れる朽ちない生命《いのち》の能《ちから》に従って立ち上がることである。この希望と生命があって、至るところで何をするにおいても、我らは一大勢力にはなるまいと願ってもそうならないのである。

第二章

私の伝道方法

① 伝道の決意

たとえ日本人に嫌われても

日本の腐敗はますますひどくなっている。私も国民の一人として、日本を救済する大いなる責任がある。

よって、私は今よりさらに熱心に、私の宗教であるヤソ教〔キリスト教〕の伝《でん》播《ぱ》に従事しようと思う。私にとっては、これに優る有効な事業があるわけではない。私の見るところでは、日本人が今要求するものとして、これより緊迫しているものはないと信ずるからである。

「ヤソ坊主」の名は、日本国民が最も卑しむところのものである。しかし、私は甘んじて今からこの汚名をさらに受けようと思う。私は日本人に嫌われても、年来の主義に則り、外国人宣教師や教会なるものから一銭の補助も受けたくはない。

私の国家救済策

最も偉いことは、大政治家となって国を治めることでもなければ、大文学者となって国民の思想を左右することでもなければ、また大道徳家となって人類を感化することでもない。

最も偉いことは、謙遜な心で真の神を信ずることである。貴いことはすべて、美しいことはすべて、勇ましいことはすべて、偉大なことはすべて、この信仰にこもっている。ところが、世には大政治家、大文学者、大道徳家になろうと思う者は多いが、真の神を信じようと思う者が少ない。世に英雄や大家が少ないのはまったくこのためである。

慈愛の心がないのは、神が心に宿らないからである。恐怖心があるのは、神が我らと共におられないからである。美の観念が乏しくて、宇宙と人生を楽しむことができないのは、眼が閉じていて神を見ることができないからである。歓喜なく、勇気なく、希望なく、常に重荷を負って遠路を歩むような感があるのは、神を離れて独《ひと》りで歩むからである。

しかし、これは私一人だけではなく、国民といえども、社会といえども、神を信じず神から離れては、生きる道徳と燃える希望のあるはずがない。真の神を知ることは、私にとっても国民にとっても、最も肝要なことである。

私は今後、いっそう明白に私の宗教について語ろうと思う。これは、私がつくった信徒を収容する教会があるためではない。私自身のために弟子をつくる必要もない。しかし、私はこの宗教以外にこの国を救う術《すべ》を一つも知らない。私は、経済でも政治でも、また世に称する教育なるものでもっても、この社会を救えるとは思わない。

私の国家救済策なるものは、ルター、ジョン・ノックス（注3）、ジョン・ウェスリー（注4）と同じように、宗教宣伝の一事のほかにはない。

パウロはキリストの福音は恥ずべきことではないと言ったが、私もパウロに倣《なら》って、今よりいっそう大胆に福音の伝播者になろうと思う。

（注3）１５１４頃～１５７２年。イギリスの牧師。長老派の創始者。
（注4）１７０３～１７９１年。イギリスの神学者、牧師。メソジスト派の創始者。

②伝道への第一歩

信者を「つくる」とは

私は信者を「つくった」と言っている。これは、神を瀆《けが》す言葉であるように聞こえる。何人《なにびと》も信者をつくることはできない。あたかも人が人間をつくることができないことと同じである。

人は人形を作ることはできる。しかし、人間をつくることはできない。人は教会を造ることはできる。しかし、信者をつくることはできない。草一本すらつくることのできない人間が、天使に似たクリスチャンをつくれるはずがない。「信者をつくる」という言葉は、確かに神を瀆し、信者を侮《あなど》る言葉である。

しかし、ある意味においては、私たち人間も「信者をつくる」と言うことができる。私たちは「百姓が米を作る」と言う。しかし誰もが、神が米を創られたように百姓が米を作るのではないことを知っている。

百姓は神の援助《たすけ》を借りることなく、米一粒をも作ることはできない。日光が照らすことがあり、膏雨《こうう》〔作物を潤し育てる雨〕の潤しがあり、大地が養分を与えることがあり、風が生気を持ち来たらすことで、米はよく成熟するのである。百姓はただ種を播《ま》き、水を注ぐまでである。その他はみな神の事業《わざ》である。それでも私たちは「百姓が米を作る」と言う。これは正確な言葉ではない。しかし、ある特殊な意味がこもる言葉である。

我らが「信者をつくる」と言うのも、「百姓が米を作る」と言うのと同じだ。もちろん、我らが信者を創造するのではない。ただ、信者完成の神のお手伝いをするまでである。「我は植え、アポロは水注ぐ。されど育つる者はただ神なり」〔コリント前書三章六節〕。我らが信者をつくったと言うのは、福音の種を播いたと言ったり、また堅信《けんしん》〔キリスト教入信の秘跡〕の水を注いだと言っているにすぎない。「植うる者も水注ぐ者も数うるに足らず。ただ貴きは育つるところの神なり」(同三章七節)。我らが信者をつくったと言うことは、我らが神の道具としてこの聖業に使用されたと言うのにすぎないのだ。

友人の忠告に泣く

この秘密を知るまでは、我らはどんなに努力しても信者一人つくることはできない。私も無知なる者の一人として、何度か信者をつくろうとして失望した。ウェスリー、ムーディー(注5)らの実体験を聞いて、なぜ私も信者をつくることができないのかとしきりに不思議に思った。

そこで私は、いろいろな信者の製作法を研究した。聖書に精通しようとした。雄弁学を究《きわ》めて高壇《こうだん》の戦士になろうとした。人心収攬術《しゅうらんじゅつ》を学んで勧誘の道に長《た》けようとした。しかし、一つも成功しなかった。数年間の労働を消費して、一人の信者をもつくり得なかったのだ。

かつて友人が私に忠告した。「伝道は決して君の天職ではない。いまだかつて、君の説教を聞いて信者となった者がいるということを、私は一人も聞いたことがない。君には多少の弁舌はある。しかし、君は弁舌について誇るために、君の弁舌では信者をつくれない。君に熱心さはある。しかし、君は自分の熱心にかられて常識の軌道を脱するため、人は君の熱心に接してかえって宗教を嫌うようになり、信じようとはしない。私は断じて君に忠告する。伝道師になる野心を絶つべきである。キリスト教は君の自己を救う道にとどめておいて、これで人を救おうとするな。君の天職はほかにある。もとの魚類学に帰ることだ（注6）。ペテロを真似て、人を漁《すなど》ろうとするな。君の漁るべきものは、霊魂を備えている人ではなく、鰭《ひれ》と鱗《うろこ》を持った魚だ。このように君については固く信じて疑わない」と。

私は、この友人の忠告を聞いたときに非常に失望した。二、三日泣き続けた。

クリスチャンとなって、私は一人の信者もつくることができないのか。私は、按手礼《あんしゅれい》（注7）を受けた本式の伝道師となろうとはもちろん思わない。私は早くより、終生、平人《レイメン》〔平信徒《ひらしんと》〕であるべきだと決心していた。「坊主」は私の何よりも嫌いなものである。監督《ビショップ》とか宣教師とか牧師とかいうものには、死んでもなれないものである。

私は洗礼を施す特権を望まない。私は聖餐式を司《つかさど》る権能を求めない。私は純然たる一信者であれば十分なのだ。しかし、私もクリスチャンとなった以上は、一個の霊魂もキリストに導くことができないのでは、満足することはできない。

私は、伝道師ではない伝道師でありたいと欲した。そして今なお、そのように欲する者である。そのために、一人の信者をつくることができないまま一生を終えるのは、私にとって耐えられないことである。たった一人でもよいから信者にして、私のキリスト教的生涯を終わらせたいと切望した。

（注5）ドワイト・L・ムーディー。1837〜1899年。アメリカのキリスト教伝道者。

（注6）内村は札幌農学校で水産学を専攻し、卒業後、開拓使御用掛となり勧業課漁猟科に勤務している。後《のち》に、農商務省水産課に勤務。

（注7）キリスト教会の聖職任命の儀式。

伝道が成功しなかった理由

しかし、私は実際に信者をつくれなかった。某教師が何人か、何十人か、何百人かの人を救い、洗礼を授け、教会員にしたということを聞いて、私は非常にうらやましく思った。

あるとき、「私が教会から伝道の免許を得ていないために、伝道の効果が挙《あ》がらないのではないか。教会制度、規則、宗式が、実は霊魂の救済上、必要で欠くことができないものではあるまいか」とひそかに思った。あるときは、自分の独立を悔いた。あるときは、教法師《きょうほうし》のもとに走って伝道免許を乞《こ》おうとも思った。「私は神に呪われているために、伝道事業において成功しないのではあるまいか」と思った。

そして、これらについて私を助けてくれた人はトマス・カーライル（注8）であった。彼はいわゆる福音主義の教会信者ではなかった。しかし、私が宗教的難問題を解釈するにあたって苦しんだときに、彼は何度か私を助けてくれた。

私が伝道問題に悩んでいる頃に、彼は私に次の一言を与えてくれた。

Veracity, true simplicity of heart, how valuable are these always! He that speaks what is really in him, will find men to listen, though under never such impediments.

（誠実、心の真のありのまま。これがいつも、いかに貴いものであることか！
自分の心のうちに実在するものを語る者は、その方法がどれほど拙《つたな》くとも、必ず

彼に聞こうとする人がいるはずだ）

この言葉を、彼の『過去と現在〔Past and Present〕』〔一八三四年〕で読み、私は膝《ひざ》を叩いて「これだ、これだ」と言った。人を導こうとしたことが、そもそもの誤りの始まりなのだ。私は、確信を表白《ひょうはく》〔考えを言葉で述べること〕すれば十分なのである。「誠実、心の真のありのまま」を語って人が聞いてくれない理由《わけ》はない。私は自分自身を隠しながら、他人《ひと》を感化したいと欲したために、失敗したのである。

よし、これからは他人のことは思わないようにしよう。私は自分自身の罪、救い、恵みについて語ろう。私はそう決心した。そして伝道をやめて、表白を始めた。そして見よ、それ以来、いまだかつて私は伝道事業について失望したことはないのだ。

（注8）1795〜1881年。イギリスの歴史家、思想家。

罪――自己を省みる

罪について。私は自分自身の罪について最もよく知っている。人類の罪や社会の罪は間接的に知っていることであって、これに関する私の知識は決して正確なものではない。しかし、私自身の罪については、私が最も明白に知っている。

私の心にわだかまる傲慢《ごうまん》の罪、私の全身を焼き尽くさんとする情の罪、汚らわしい野心、恥ずかしい卑想。これらに関して、それが何であるのかを知るために社会学を研究する必要はない。倫理書で奥義を探る必要はない。私は直接、実体験によって自身について、それが何であるのかを知っている。

ああ、責めるべきは他人《ひと》ではない。まず、第一に自分自身である。嘆くべきは国家社会の罪ではない。自分自身の罪である。

人は、罪については自分自身について研究すべきである。そして、その研究結果を世に公にすべきである。罪を概括《ゼネライズ》し、人と世の罪を責めて、自分は罪なき者のように見せかけたために、私は伝道において失敗していたのである。

もちろん、些細な罪について語るには及ばない。罪の原理について語るべきである。すなわち神を無視する心、自分を偉い者と思い、世を救済してくれようと思う傲慢さ、身の安全と幸福を考え、霊のことはまったく放棄する闇愚《あんぐ》さ（愚かで道理に暗いこと）。私はこれらの重く暗い罪を心の内で十分に発見した。

罪とは何かを世に示すにあたっては、常にこの発見と実体験に基づいて語るべきなのである。

救い――伝道は単なる慈善事業ではない

救いについて。救いとはやさしい問題ではない。救いは世に言う救済ではない。貧者に衣料や食料を与えることではない。それは慈善事業である。慈善事業は金と世才《せさい》〔世渡りの才能〕に富む人なら、誰でもできる事業である。しかし、伝道は慈善事業ではない。伝道は霊魂を救うことであって、肉体を救うことではない。救いとは道徳を教えることではない。聖人、義人《ぎじん》、君子をつくることではない。それは修養であり教育である。宗教は修養でもなければ教育でもない。

救いとは幽暗を排して光明を与えるということでもない。それはドイツ語で言う、〝Aufklärung《アウフクレールング》〟、すなわち知識開発であって、キリスト教の救いではない。救いは新道徳を教えることでもなければ新知識を与えることでもない。

救いは霊魂を救うことであって、意志を根本において清めることである。これは慈善以上、修養以上の事業である。

救いとは何かを哲学的に定義することは難しい。しかし、我らはこれを実体験することができる。

救いとは自分の存在の真髄を縛る罪から脱することである。抑えたいと欲してもどうしても抑えることのできない情念から解脱《げだつ》することである。驕慢《きょうまん》の心を根本において打破し、謙遜の心に代えることである。世の野心なるものが虚偽であることを見破り、確実な実在の上に希望の堅城《けんじょう》を築くことである。

それでは、どうしたらそういうことができるかと言うと、一日に三度、自分自身を省み、戦々恐々として薄氷を踏むように仁義の道を歩みたいと欲しても、成し遂げられることではない。ある一つの理想を望んで、それに向かって進んだとしても、到達し得ることでもない。

キリスト教はそんなに込み入った、しかもそんな浅薄な方法で人を救おうとはしない。キリスト教の救いは非常に簡単であり、同時に非常に高遠《こうえん》である。

キリスト教が与える救いの方法とは、十字架に架けられたイエス・キリストを仰ぎ見ることである。そうすれば罪が取り除かれるのである。

「我を仰ぎ見よ、さらば救われん」（イザヤ書四五章二二節）、「モーセ、野に蛇を挙げしごとく、人の子も挙げらるべし。すべてこれを信ずる者に、滅ぶることなくして永生《えいせい》を受けしめんがためなり」（ヨハネ伝三章一四―一五節）、「我もし地より挙げられなば、万民を引きて我に来たらせん」（同一二章三二節）。

これらはみなキリスト教の救いの事業であって、キリストに救われた人が等しく実体験することである。

なぜそうであるのかはよく分からない。ちょうど医学において、なぜキニーネ（注9）が熱を醒ますのか分からないのと同じことである。しかしながら、キニーネが熱を醒ますよりももっと明白にもっと急速に、十字架上のキリストは我らの罪を取り除かれる。キリストを仰ぎ見れば、我らの罪の重荷は直ちに肩から落ちる。これは常識ある者の多くが実体験し、証明している事実である。錫工《すずしょく》バンヤン（注10）もこれを実体験した。大政治家で大思想家となったグラッドストン（注11）も同じことを実体験した。日本において、小さき我らまでも同じことを実体験している。

世の人にキリスト教の救いを説くにあたっては、我らの実体験を語るまでである。いわゆる「救いの哲理」を講じても、何の益もない。キリスト教の高遠なる倫理を説いたところで、人はキリストの救いには入ってこない。

我らがみずから救われて、その救われた径路と結果を説くことで、人はついに神に導かれて、キリストの救いに入るのである。

（注9）キナという植物に含まれるアルカロイド。マラリアの特効薬に用いられる。

（注10）1628～1688年。イギリスの宗教文学者。

（注11）1809～1898年。イギリスの政治家。

恵み——体験してこそ分かる救いの恩賜

恵みについて。これもまた実体験である。キリスト教の恵みとは、恵まれたと思うことではない。これは実際に恵まれることである。心に実物を受けることである。聖霊の恩賜である。これに伴う歓喜と平和、希望と実力である。

これは口で説明できるものではない。求めて得ることができるものでもない。それが何であるかは、心に得てみなければ分からない。他人の話を聞いて分かるものではない。それゆえ、父が得て子に伝えることのできないものである。

神の恵みを人に分かとうとしても、神がこれをその人にお与えにならなければ、私たちはどのようにすることもできない。ここに至って、伝道は焦っても益のないことであることが分かる。

伝道は放光であって点火ではない。証明であって信服《しんぷく》〔信頼して服従すること〕ではない。点火と信服は神の業《わざ》であり、人ができることではない。

成功への第一歩

このように悟って、私は伝道の野心を放棄した。私は終生努力しても一人の信者をつくり得る者でないことを悟った。神は決して信者製作の任を人間にお授けにならないことが分かった。そう悟って以来、私は人を救い、人に恵もうとする希望を断念した。

しかし、私には神に恵まれた自分の実体験が多少あった。そこで私も神の下僕の一人として、この恩恵の実体験を自分一人だけに隠しておくことはできなかった。私も目を開かれた者の一人として、大いなる医師〔イエス・キリスト〕の大いなる能力のことを沈黙に伏したままでいることはできなかった。

ここにおいて私は自分自身について語った。

始めは私の罪と苦痛について語った。次に、私に施された神の救いについて語った。終わりに、私に臨んだ神の恵みについて語った。私は伝道感化の目的からまったく離れて、自分自身について語った。これは神に対する感謝の思いからしたことだった。これによって他の人が救われるとは思わなかった。

私は、ざくろのように赤裸々な心を吐露した。そして多くの人は私の愚かさを笑った。しかし、私は世の人の嘲笑《あざけり》を心に留めなかった。私は神に対して自分のなすべきことをしていることを知っていたため、語った後は大いなる平和と満足を感じたのである。

しかし見なさい、伝道のためにしたのではない私自身の告白が伝道の目的を達したのである。神は憐れむべき私の体験談を用いて、多くの人をお導きになられたのである。私はすでに伝道を断念したが、神は私を使って多くの伝道をなされた。意外にも、私は多くの信者をつくる機会となったのである。

これについてある人が「私が伝道に成功した」と言った。しかし、私が成功したのではない。私はすでに伝道に失望し放棄した者である。神が私に施された恩恵の実例を使って、人を神のもとに引かれたのである。したがって誉《ほ》められるべき者は神であって私ではない。神が私を使って人をお救いになったのであり、「救った者は私〔内村〕で、神ではない」と思う人は神と私を誤解している者である。

私が確信した「最上唯一の伝道法」

私を恩師として仰ぐ人は、最も多くの場合、最後には私を偽善者と罵り、唾《つば》を吐いて私を捨て去る者である。しかしながら、永久に私を愛してくれる者は、私を愛するよりも多く神を愛する者である。私を恩師として仰がずに、同患《どうかん》〔同じ憂いや悩みや苦しみを持つ者〕の友として思ってくださる者である。「我らも人にして、汝らと同性の者なり」（使徒行伝一四章一五節）。私は先生ではない。罪と救いと恵みの侶伴《なかま》である。私が教えたことで、人が神を信ずるに至ったのではない。

私の罪、私の苦痛、私の救い、私の歓喜と平和を告げたことで、人は私の神を信ずるに至ったのである。私は単に告知者であるにすぎない。教師ではない。伝道師ではない。もちろん法王でも監督でも牧師でもない。

もし世に信者をつくる秘術があるとすれば、これだけであると思う。すなわちトマス・カーライルが言う「誠実、心の真のありのまま」を語ることであると思う。

そして神にお任せすることである。そのほかは、人間が関与すべきことではない。我らは、自分たちに施された救いを明白に正確に率直に語れば、それでよいのである。それが最上で唯一の伝道法である。それ以外は偽善である。無益の業である。虚飾である。伝道の真似ごとである。

この率直なる自白なくして、いかに優美な音楽でも、いかに雄大な弁舌でも、いかに完全な伝道制度でも、さらにロックフェラー、三井、古河《ふるかわ》の富をことごとく用いたとしても、ほんの小さな一人の霊魂でさえ、父なる神のふところに導いてクリスチャンにすることはできないと信ずる。

③ 伝道成功の秘訣

福音の真理を体すること

伝道の方法はたくさん講じられる。けれども伝道とは何かを知る者は少ないように見える。

伝道は読んで字のごとく「道を伝えること」である。そしてキリスト教においては、道は福音の道である。ゆえに、福音を知らずに伝道は始まらない。どんなによい方法があろうと、福音のない伝道に効果の挙がりようはずがない。伝道成功の秘訣はまず福音を知ることにある。福音が分かることで、伝道はもう九分どおり成功したのである。

福音は単に「神は愛なり」と言うことではない。「神は人類の父にして、人は相互の兄弟なり」と言うことではない。まず神とは何か、愛とは何かを知る必要がある。

キリスト教の神はイエス・キリストの父なる真の神である。キリストのことを知ることができなければ、キリストが父と呼ばれた神のことは分からない。

またキリスト教の愛は漠然とした全般的な愛でない。特別な愛である。ヨハネ第一書四章一〇節に、「我ら、神を愛せしにあらず、神、我らを愛し、我らの罪のためにその子をつかわして、宥《なだめ》の供え物となしたまえり。これすなわち愛なり（愛はそのことの中にあり）」とあるように。これを知らないで、神の愛は分からない。

愛にもいろいろある。人が人を愛する愛がある。親が子を愛する愛がある。そしてこれにもまさって、神が人を愛される愛がある。特に罪人《つみびと》を愛される愛がある。この最高の愛を知るまでは愛は分からない。そして自分自身がこの愛を体験して、これを世に伝える、これがキリスト教の伝道である。

この体験がなければ、その方法がどんなに巧妙でも、キリスト教の伝道はない。そう、伝道は方法ではない。真理の体験である。

福音の真理を体して、方法を講じるまでもなく、真理は「その中《うち》にありて泉となり、わき出でて永生に至るべし」（ヨハネ伝四章一四節）とある。

ゆえに真理へ真理へ、静かで深い聖書の研究へ、心霊の奥殿へ、人生の実験室へ。パウロいわく、「道は汝に近く、汝の口にあり、汝の心にあり。これすなわち、我らが宣《の》ぶるところの信仰の道なり」（ロマ書一〇章八節）と。

伝道は商売ではない。広告宣伝の必要はない。真理に真理の威権をあらしめよ。坐して世を教化《きょうけ》する能力をあらしめよ。

まず聖書をよく学ぶこと

まず第一に、静かに深く聖書を研究しなければ、伝道第一の要素である神の聖旨《みこころ》を知ることができない。伝道に成功したいと欲する者は聖書の深い研究に数年を費やさなければならない。

まず聖書の内容をよく悟って、これでもって人の霊魂に臨む。これが伝道であって、この伝道は必ず成功する。

聖書の言が霊魂を生き返らせるのである。説教者の雄弁でも熱心さでもない。聖書である。これは「聖霊の剣《つるぎ》」（エペソ書六章一七節）である。この剣を採って使うことを学び、これを用いて悪魔は滅び、霊魂は生き返るのである。

かくして伝道に成功したいと欲して、必ずしも伝道職につく必要はない。誰もが「聖霊の剣なる神の道」を学んで、有力な伝道師になることができる。職業的伝道には多くの弊害が伴う。したがって、信者はやむを得ない場合を除いて、伝道職につくことを避けて、普通の事業に従事しながら伝道を実行すべきである。

最も有力な伝道は平信徒の伝道である。キリスト教が一〇〇年経たずにローマ帝国を教化できたことは、主として、この静かなる平信徒の伝道によるものであったのである。

イギリス人のことわざにいわく〝Let us build railroads and railroads will build the country〟（鉄道をつくらせよ、さすれば鉄道が国をつくるであろう）と。同じように、「聖書を説かせよ、さすれば聖書は教会を興《おこ》すであろう」。

まず深く聖書を究め、その後に生命を賭して説けば、個人も社会も国家も人類も救われることは必然である。

聖書はその一言一句の中に人の全生涯を一変する力がある。「聖書は世界を変化させた書である」と言う。そのとおり、聖書はまず個人の生涯を変化させて、その後、全世界を感化するのである。人は生涯で、聖書の一句に支えられる危機がある。そのとき、もし聖書のその一句がなければ、その人は倒れるほかないのである。

ルターにもこの経験があった。一人にして全世界を感化した者で、イエス・キリストとパウロに次ぐ者は、もしかしたらルターであろう。彼が存在することによって、近世の文明世界は一変した。そうした彼の生涯を感化したものは何か。ロマ書一章一七節後半の一句、「義人は信仰によりて生くべし」である。ラテン語では、Justus ex fidie vivet.、わずか四語にしかすぎない。だが、この一句が、ルターがイタリアを旅行中のあるときに胸に臨み、マルティン・ルターの生涯は一変したのである。彼はその年と月と日と時をよく記憶していた。そのときから、彼にとって万物ことごとくが新たになったのである。宗教改革とはほかでもない、ボロニアの寺院での一夜に、ルターの胸に臨んだ聖書の一句の力なのである。

真の信仰こそが最大の伝道

伝道の方法にはいろいろある。最も普通のものは、広く寄付金を募集し、弁士を雇って大演説会を開き、聴衆を感激させ、回心を決心した人に起立を促し、彼らの家を訪問し、祈り、説き、教え、誘《いざな》い、ついにバプテスマ〔洗礼〕を施し、信者として教会に収容する。これは、必ずしも完全に有害無益な伝道方法ではない。人はさまざまなので、このような方法で救われる霊魂がないとも限らない。私は好まない方法だが、排斥するわけではない。

しかし、より善い伝道法はほかにある。全身を神に捧げ、福音の真理を強く深くみずからの内に働かせて、苦しみ、闘い、耐え、深く贖罪《しょくざい》の血の泉を飲み、我が罪の身をここに浸して、その身が雪のように白くさせられる体験を経て、私は善き伝道師となったのであり、それによって善き伝道も行ったのだ。

真の信仰そのものが最大の伝道である。必ずしも言葉と文字でほかに伝える必要はない。これ〔真の信仰〕を我が霊に得たが、我が同胞、我が国人《くにびと》のために得たのである。霊は深いところで互いに相通じている。ちょうど井戸の底が一面の水であるがごとくである。世には霊海がみなぎっていて、我が霊はその一滴である。神の霊が実《まこと》に我に臨んだということは、全人類に神の霊が臨んだのである。

以心伝心は禅宗だけの秘密ではない。霊界の事実である。人は個々別々に一人離れて存在するのではない。人類の一部分として存在するのである。

人は実在の根底においては、霊海の一滴である。そして、神の霊を我が霊に受けて、霊海全体に誘導したのである。かくして自分一人が救われて、自分だけが救われたのではない。我が村がそれだけ救われたのである。我が県がそれだけ救われたのである。我が国がそれだけ救われたのである。全人類がそれだけ救われたのである。我が救いは一人の慶事ではない。全村、全郷、全国、全世界、全人類の慶事である。

我らは、自分一人が救われることを小事と見なしてはならない。神は我を使って我が国、我が民をお救いになるのである。一人が実《まこと》に救われること、そのことこそが一大伝道である。神は我を透《とう》して、我が国、我が社会に臨まれているのである。

ゆえに我は、虔《つつし》んで全身を神に献供して、神は我を導火線として用いて、聖意《みこころ》ならば焼き尽くして、我が国、我が民をお救いになるのである。

神の道具となること

神の恩恵の道具となって、一人密室にいても、田んぼで働いていても、神の善き能《ちから》ある伝道師になることができる。深く篤《あつ》く神を信じて、一言も発せず、一字も書かなくても、効力《ちから》のある伝道を行うことができる。

このような有力な伝道は常に世に行われつつある。そして、このような伝道が静かに隠れたところで行われているために、ラッパと太鼓《たいこ》で行う伝道師らの伝道が多少の功を奏するのである。

最も有力な伝道は無声の伝道である。「語らず、言わず、その声は聞こえないのに、その音響《ひびき》は全地にあまねく、その言葉は地の果てまで及び」という伝道である。真理の試験物としてみずからを差し出し、深く究め、深く苦しみ、深く救われ、深く喜びを味わうことで、誰でも神の善き伝道師になることができる。

「伝道」の熟字は、人の誤解を受けやすい。むしろ「建道《けんどう》」と称すべきである。心田《しんでん》〔心を田地にたとえた語〕を深く掘り、基礎《いしずえ》を岩の上に置いて、その上に不動の信仰の家を建てることである（ルカ伝六章四八節）。

ひたすら伝道すること

伝道成功の秘訣は、伝道することである。パウロが言ったとおり、時を得るも時を得ざるも、道を宣《の》べ伝えることである（注12）。社会に迎えられても迎えられなくても、教会に褒《ほ》められても褒められなくても、信者ができてもできなくても、道を伝えることである。道を伝えることなくして、すなわち福音を宣べることなくして、伝道はない。もちろん、その成功もない。

ところが、事実はどうかというと、世の中には道を伝えない伝道が多いのである。すなわち、伝えるべき福音がなく、もしあっても、これを伝えないで、ただ伝道の騒ぎを起こして、これを伝道と称する類がたいへん多い。

騒ぎは人を救わない。人を救うものは神の言《ことば》なる福音の真理である。神の言を世に与えれば、必ず善いことをしないではすまされない。

「我が口より出づる言はむなしくは我に帰らず。我が喜ぶところをなし、我が命じ送りしことを果たさん」（イザヤ書五五章一一節）と、エホバが預言者を通して言われたように。

伝道は方法ではない。生命のパンの供給である。与えるべきパンがなければ、供給の方法がどんなに巧妙でも、人は助からない。パンがあるかどうか、それが問題である。与えるべき生命のパンがあってこそ、配布の方法がどんなに拙劣でも、伝道はすでに半ば以上成功したのである。

（注12）テモテ後書四章二節に「御言葉を宣べ伝えなさい。折が良くても悪くても励みなさい。とがめ、戒め、励ましなさい」（『聖書　新共同訳』〈日本聖書協会〉）とある。

成功しようと思わないこと

神の言は日光のようなものであり、雨露のようなものである。常に照り、絶えず降るものである。時を限って大々的に人に臨むものではない。間断《たえま》なく世を温《あたた》め、潤すものである。伝道はこの方法によって神の言を世に供するものでなくてはならない。すなわち静かに、なるべくは言わず語らず、時を得るも時を得ざるも、間断なく生命の水を世に注ぎ、生命のパンを人に与えるものでなくてはならない。

このような伝道に失望はない。必ず成功が伴う。これは信仰と忍耐を要する事業である。目前の成功を期待して行うべき事業ではない。

伝道の成功者はこの世の成功者とはまったく異なる。成功を期待して成功するのではない。成功を眼中に置かずに、成功するのである。聖語《みことば》のうるわしさに励まされて、みずから求めることなく伝道するのである。

したがって、なるべく「運動」を避けるのである。また、「運動」する必要はないのである。福音そのものが運動である。人を善化する能力である。ラッパを吹き太鼓を叩く必要はない。またこの世の勢力を糾合《きゅうごう》して、世に勝つ必要は少しもない。

神の言そのものが大勢力なのである。これを忠実に説くだけで、世は改まり、霊魂は救われるのである。

④ 伝道のよき手本

儒者をお手本に

我らは、キリストの福音をこの国に伝えるにあたって、必ずしも外国宣教師に倣《なら》う必要はない。
教会に雇われ、俸給をいただき、監督となり、牧師となり、伝道師となって、信者をつくり、その信者を自分の教会に収容して、これをもって教会の隆盛をはかる必要はない。これは西洋のキリスト教会において行われていることであり、そこから送られてきた宣教師によって我が国に輸入された方法であるが、我ら直接のキリストの弟子である者は、これらの宣教師の後を追って、彼らが取る方法に倣うには及ばない。福音は神の真理である。手段ではない。方法ではない。自由であるべき真理は、一定の方法のみによって伝えられるべきものではないのである。

東洋には儒者という者がいた。今もなおその後を絶つことはない。儒者は士《さむらい》の一種である。道をもって立つ者である。儒者は人民の教師である。ゆえに不羈《ふき》独立である。僧侶には寺院があり、神主《かんぬし》には神社があるが、儒者には自分の書斎があるほかには本尊を安置するところはなかった。儒者の模範は孔子《こうし》であった。晏《あん》晏《えい》（注13）はかつて儒者について言った。

「それ儒者は滑稽《こっけい》にして法に軌《したが》うべからず。据傲《きょごう》にしてみずから順《したが》えり。もって下《しも》となすべからず。〔儒者は滑稽多弁ですから、その言葉を手本としてはなりません。傲慢不遜で自分の思いのままにふるまうので、低い身分に置くこともなりません〕」

まるでチェルシーの哲人トマス・カーライルを見るようなものである。

孔子は王公を教え、王公を恐れなかった。「魯《ろ》を去り、斉《さい》に斥《しりぞ》けられ、宋《そう》・衛《えい》（注14）に逐《お》われ、陳《ちん》・蔡《さい》（注15）の間に困《くるし》めらる」（司馬遷《しばせん》『史記《しき》』「孔子世家《こうしせいか》」〔孔子の伝記〕）という。

儒者である孔子は、身を諸侯に売って徳を唱えなかった。「天、我に徳を生《な》せり〔天が徳を私に与えられた〕」と言って、孔子は自身の財産が何であるかを知っていた。

天から徳を受けた者は富者の上の富者である。帝王の上の帝王である。そして儒者とは素《もと》よりそのような者であった。

（注13）?～紀元前500年。中国春秋時代の斉の政治家。
（注14）魯、斉、宋、衛は周代、春秋・戦国時代に存在した中国の国。
（注15）陳、蔡は周代、春秋時代に存在した中国の国。

真なる教師であった、我が国の儒者たち

我が国にも、真儒《しんじゅ》〔真に道を極めた儒者〕なる者がいた。石川丈山《じょうざん》、中江藤樹《とうじゅ》、山崎闇斎《あんさい》、伊藤仁斎《じんさい》ら、みな自由独立の人民の教師であった。

身は貧しくとも、諸侯（注16）からの招聘《しょうへい》を受けて、「侯、道を問わんと欲せば、すなわちまず来たり見るべし〔もし殿が道を学びたいと願われるならば、まず殿のほうから来ていただきたい〕」と答えた闇斎はまことに教師らしい教師であった。

肥後《ひご》〔熊本県〕侯が禄一〇〇〇石をもって招こうとしても辞し、京都の堀川《ほりかわ》に私塾を開き、天下の学生を集め、生涯、処士《しょし》〔学識を持ちながら仕官しない人〕をもって終わった仁斎は、ザクセン選帝侯フリードリヒ三世の保護の下《もと》にヴィッテンベルク大学に神学を講じたルター以上の独立の士であった。

湖西《こせい》の小川村〔滋賀県高島郡〕に一村夫子《いちそんふうし》として光を天下に放った藤樹は、西走東奔しても日が足らず、旅程の長さを伝道会社に報告して、その賞賛にあずかろうとする、今の福音士を慙死《ざんし》〔死ぬほど恥じること〕させるに十分ではないか。

儒者は儒教をもって立った。その経典はいわゆる四書五経《ししょごきょう》であった。彼らはこれで身を修め、国を治めようとした。かくして彼らもまた書籍の人であった。寺院を造らず、祭壇を飾らず、ただ経書《けいしょ》〔儒者の基本的古典〕のみを頼り、これで民を救おうとした。そして儒者は彼ら相応に事業において成功したのである。

（注16）井上河内守正利《まさとし》（笠間《かさま》藩初代藩主・寺社奉行）を指す。

儒者に倣う伝道方法

キリストの福音をもって立ち、聖書の研究に身をゆだね、その伝播を職業《なりわい》とする我らもまた書籍の人であって、儒者と階級を同じくする者ではないか。そうであるならば、我らはどうして儒者に倣って目的を達することができないのか。

儒者は東洋人の教師である。東洋人にキリストの福音を伝えたい我らは福音的儒者として立つべきではないか。我らは仁斎の堀川黌《こう》に倣い、教会によらない、独立した聖書学校を起こすべきではないか。我らは藤樹に倣い、教会、伝道会社等から俸給を受けることなく、純然たる独立した村落の伝道者であるべきではないか。我ら、聖書においてキリストを頼る者は、なぜこの世の権力者に対し闇斎のように毅然《きぜん》とできないのか。

実に儒者に倣うことは、宣教師に倣うことよりもはるかに高貴《ノーブル》である。我らはクリスチャンとなったとしても、西洋人となる必要はない。伝道者となりたいとしても、宣教師を真似るには及ばない。儒者が経書によって立つように、我らは聖書によって立つべきである。儒者が寺院と神社に頼らないように、我らも教会に頼ってはならないのである。

儒者は書斎にこもって天下を教えた。我らはなぜ聖なる密室（sanctum）にこもって、聖書と祈禱《きとう》で国民を導くことができないのであろうか。

我らは幸い多くの高貴なる教師を持った。藤原惺窩《せいか》（注17）、林羅山《らざん》（注18）、熊沢蕃山《ばんざん》（注19）、貝原益軒《えきけん》（注20）ら、みな徳をもって立つ士であった。キリスト教の教師たる者は、少なくともこれらの碩儒《せきじゅ》〔大学者〕に劣らぬ者でなくてはならない。

信仰の性質は源信《げんしん》（注22）、法然《ほうねん》、親鸞《しんらん》と共にし、伝道の方法は仁斎、藤樹、益軒らに倣い、外国人に頼ることなく、この国でキリストを信じて、福音を伝えるべきである。

（注17）１５６１〜１６１９年。戦国時代から江戸時代前期の儒学者、朱子学者。
（注18）１５８３〜１６５７年。江戸時代初期の儒学者、朱子学者。
（注19）１６１９〜１６９１年。江戸時代初期の儒学者、陽明学者。
（注20）１６３０〜１７１４年。江戸時代前・中期の本草《ほんぞう》学者、儒学者。
（注21）９４２〜１０１７年。平安時代中期の天台宗僧。恵心僧都《えしんそうず》。

⑤ 伝道の喜び

伝道は最大の喜びである

不信者の一種である教会信者は、「伝道は犠牲である。これに従事するのは苦痛だ」と言う。

しかし真《まこと》の信者はそうは思わないのである。イエスにとって、伝道は苦痛ではなかった。骨折りでもなかった。その反対に快楽であった。

イエスは、弟子たちに告げて言われた。「我に汝らの知らざる食物《しょくもつ》あり……我を遣《つか》わしし者の旨に従い、そのみわざを成し遂ぐるは、これ我が食物なり」（ヨハネ伝四章三二―三四節）と。イエスにとっては、伝道は労働ではなく、飢渇《きかつ》でもなく、快楽であり、食物であった。これは、すべてのクリスチャンにとって同じである。

伝道は苦痛ではない。その反対に、伝道しないことが苦痛である。

パウロが言ったように、「我もし福音を宣べ伝えずば、禍《わざわ》いなるかな」（コリント前書九章一六節）である。なすことが最大の喜びである職業は、おそらく世の中にただ一つあるだけであろう。それは伝道師の職業である。

伝道は完全なる職業であり、最高美術である

伝道は経済学者の言う、〝Work is onerous.〟(労働は苦労なり。ゆえに適当の報酬を要求す)という法則の外に立つ職業である。伝道は俸給を自分でまかなうものだが、苦しくならない職業である。旅行や観劇や音楽でみずからを慰めなければ続けることができない職業でもない。

伝道は高級美術のようなものであり——まことに伝道は最高美術であるが——伝道をする者も伝道をされる者も、同時に楽しむ職業である。

キリストの福音を説くことや、罪の赦免《ゆるし》の音信《おとずれ》を宣べること、天国建設、永生《えいせい》賦与《ふよ》の約束を伝えること、このような楽しい喜ばしい職業を授けられて、伝道者はほかに職を求めないのである。

伝道は食物である。快楽である。歓喜である。満足である。休養である。健全なる刺戟《しげき》である。最も完全なる職業である。したがって人から同情されるべき

職業ではない。うらやましがられるべき職業である。内閣総理大臣になるよりも、大会社の社長になるよりも、大地主や大株主になるよりも、はるかに貴く、かつ楽しい職業である。

この職業を求める人が少ないことを私は不思議に思う。さらに、伝道を職業とする人で、この職業を去って政治や外交や実業など、苦労ばかりが多くて慰安が少ない――むしろほとんどない――仕事に転じる人がいることを、私は不思議に思う。世にもし完全な幸福者がいるとすれば、それはイエスの福音を宣べ伝える者なのである。

伝道は天の美音を伝えることである。宇宙の調和を宣べることである。心に平和を得て、その平和を広く世界に宣べ伝えることである。

まことに「喜びの音信《おとずれ》を伝え、平和を告げ、善きおとずれを伝え、救いを告げ、シオンに向かいて、汝の神は統《す》べ治めたもうと言う者の足は、山の上にありていかにうるわしきかな」(イザヤ書五二章七節)。

伝道は美的事業である。したがって、これに従事することがすでに至大の快楽である。伝道の報酬は伝道そのものである。これに従事することができることそのものが至大の特権である。伝道師はその事業以外に報酬を要求する権利を持たない。

伝道の情熱は抑えることができない

パウロは言った。「我もし福音を宣べ伝えずば、禍いなるかな」と。パウロは伝道の快楽を知った。ゆえに、伝道しない苦痛を覚《さと》った。彼にとっては伝道が苦痛であったのではない。伝道をしないことが苦痛だったのである。パウロはどんなことがあっても伝道をしなければならなかった。伝道を禁じられて彼は泣いたに相違ない。彼は幼児が遊戯にふけるくらいの興味で、伝道に従事したであろう。

我ら今日の伝道師もそうでなくてはならない。伝道が義務であり、報酬を要する職業である間は、成功は決して望めない。これが娯楽となり快楽となるに至って、初めて我らも満足して従事することができ、世の人々も喜んで我らの言葉に耳を傾けるに至るのである。

すなわち、福音は我が情熱《パッション》である。我はこれを抑えたいと欲しても、抑えることができない。したがって、これを他人に向かって発表するのである。

「我重ねてエホバのことを宣べず、またその名をもて語らじと言えり。されどエホバの言葉、我が心にありて、火の我が骨の中に閉じこもりて燃ゆるがごとくなれば、忍ぶに疲れて堪《た》えがたし」（エレミヤ書二〇章九節）

伝道とは、聖《きよ》き恋愛のごときもの

我が愛する者のことについて語り、そして歌いたいと思うのだ。

「林の樹《き》の中にりんごのあるがごとく

我が愛する者は男《お》の子たちの中にあり
我深く喜びてその陰《かげ》に座れり
その実《み》は我が口に甘かりき
彼、我を携えて酒宴《さかもり》の家に至れり
その、我が上に翻《ひるがえ》したる旗は愛なりき
請《こ》う、汝ら、ほしぶどうをもて我が力を補え
りんごをもて我に力を付けよ
我は愛により病みわずろう
彼が左の手は我が頭《かしら》の下にあり
その右の手をもて、我をいだく」（雅歌《がか》二章三—六節）
伝道の精神とはこれである。深い愛情である。聖《きよ》き恋愛である。ある意味で、我らも愛情に駆《か》られて伝道に従事するものである。
恋愛のための伝道である。したがって、我らは報酬を望まないのである。物質

上の報酬を望まないのみならず、霊魂上の報酬をも望まないのである。

我らの伝道によって、一人の信者ができなくともよい。我らによってできた信者が、ことごとく神と我らを捨て去ってもよい。我らは信者を目的に伝道するのではない。我らはただ我らの愛する者について語れば満足するのである。イエス・キリストの名、「その実が我が口に甘」いのである。「我はその愛により病みわずろう」ゆえに、その愛に励まされて伝道するのである。

ああ、世にいる伝道をしない信者よ、伝道を恐れる者よ、伝道を聖人君子《くんし》の業《わざ》であると思う者よ、偽りの謙遜《けんそん》で欺《あざむ》いて伝道を避けている者よ、あなたがたを憐れむ。あなたがたは美術、文学、実業、政治が伝道よりも自由で快楽であると信じているのだ。

ああ、「我もし福音を宣べ伝えずば、禍いなるかな」と言うことができるところまで、キリストを味わうのだ。そうすれば、教会の免許を得ても得なくとも、その他の方法が備わっていてもいなくても、万難を排して万事を捨てて伝道に従事しようとする欲を起こすのだ。

第二章

伝道と政治

① 伝道と職業

すべての職業は伝道に通じる

いわゆる伝道事業のみが伝道ではない。神を信じて行うすべての事業が伝道である。神を信じて行う農業が伝道である。神を信じて行う工業が伝道である。神を信じて行う商業が伝道である。すなわち、神を信じて行えば、政治も罪悪になることなく、ある種の伝道である。

伝道を行いたいと欲して、与えられた職業を去って専門の伝道師となる必要は少しもない。パウロは言った。「兄弟よ、汝ら各自その召されしときにありしところの分にとどまって、神と共におるべし」（コリント前書七章二四節）と。職業は何でもよい。神と共にあって、人は誰でも神の光を放って伝道師にならざるを得ない。

キリストは大工、ペテロは漁夫、彼らはいずれも職業においては普通の人であった。ただ霊において神と共にあったために、おのずから善き大いなる伝道師であったのである。今日でも、最も有効な伝道はただの信者によって行われる。神と共にある普通の人間、それが真《まこと》の信者、真の伝道師である。

真の信者ならば、伝道せずにはいられない

もちろん真の信者は伝道せずにはいられない。「我もし福音を宣《の》べ伝えずば、禍いなるかな」〔コリント前書九章一六節〕という者は、パウロ一人に限らない。けれども、これは、彼が自分の分にとどまってよくできたところである。福音はもともと行うべきものであって、語るべきものでない。神に強《し》いられてやむを得な

い場合のほかは、信者は福音によって実《み》を結ばせて、神の栄えをあらわすべきである。

日と月と星とは「語らず言わずその声聞こえざるに、その響きは全地にあまねし」〔詩篇一九篇三―四〕と言う。我らもまた福音の器となり、地を耕し、物を作り、産物を売って、その宣伝者になることができる。

伝道に、直接的なものと間接的なものがある。永久的な効果に至っては、間接的な伝道のほうが、直接的な伝道よりもはるかにまさる。ただし世の中に密接に関係するので、直接的な伝道は神の恩恵を必要とすることがさらに大きいことが分かる。世の中において聖徒《せいと》であるということは、世の中を離れて教師であることと以上に難しいことである。

救いの範囲は、個人を超えて国家、世界、宇宙まで

救いと言えば、たいていの信者は人の霊魂の救いに限ると思う。霊魂が貴いことは言うまでもない。しかし、神の御眼から見て、救いは霊魂に限らない。神の救いのご計画の中には、国家があり、人類があり、世界があり、宇宙がある。神は万物の救いの一部分として、我らに霊魂の救いを命じられたのである。そして神と共に働く我らは、さらに進んで国家、人類、世界の救いに従事するのである。

クリスチャンであることの幸福また特権はここにある。「我はクリスチャンである。ゆえに人と自然に関することにして我の関係せざることはない」という言葉がある。この見地から見て、人の世の万事万物はことごとく神聖である。

政治は国家の救いに関することであるために神聖である。農業や工業は地球の改造や完成に関することであるために神聖である。その他、商業、法律、医療、どれ一つをとっても、神聖でないものはない。世界と人類は、伝道師によってだけでは救われない。すべてのクリスチャンが伝道師と同じ精神を持ち、各自が命ぜられた職業に従事することで、神のご計画に合《かな》う救いが行われるのである。すなわち、真の伝道師とは、個人と社会と国家と人類と世界と宇宙の救いをもって、その目的とする者なのである。

② 政治と正義

政治は本来神聖なもの

「伝道は宗教のことであるから神聖である。しかし、政治は俗界のことであるから醜猥《しゅうわい》である」というのが、今日のこの国の常である。なるほど、今日の我が国の政界を見ると、人がそう思うのも決して無理ではない。

今や政治は真面目な人が入るところではない。山師や虚言家《うそつき》や怠惰者《なまけもの》が争って入ろうとする我が国の今日の政界というものは、君子《くんし》が入ってはならないところであると見なされるのは当然のことである。

しかし、政治とはもともとこのようにあるべきでないことは、私が言うまでもない。政治が最も純正であるときは、宗教と同じように神聖なものである。西洋において、フランスのルイ一一世の政治、イタリア・フローレンス〔フィレンツェ共和国〕のサヴォナローラ（注22）の政治、イギリスのクロムウェルの政治などは、神聖なる政治の実例である。我が国においても、最も善き政治はみな敬神《けいしん》的な政治であり、また神聖で宗教的であった。

政治を宗教から完全に切り離して、政治家たる者は俗才《ぞくさい》さえあれば、泥棒でも詐欺師でも酔漢でも放蕩児《ほうとうじ》でも誰でもなれると思うに至ったのは、政治にとって最も慨歎《がいたん》すべきことである。

伝道も真面目な職業であれば、政治も真面目な職業である――真面目な職業であるべきはずだ――それゆえに、伝道も政治も活動の区域こそ異なれ、方法や精神に至っては同一であると思う。すべて真面目なる事業は同一の精神から生じるものであり、素質は少しも違わない。

美術でも、文学でも、工業でも、商業でも、真面目な事業は少しも異ならない。真面目な大工は真面目な画家の心を知る。真面目な商人は真面目な軍人の術《じゅつ》を知る。人は誠実に達すれば、みな同じ一家の兄弟姉妹である。

「宗教は神聖で、政治は山師や泥棒が従事すべき商売である」と思う今日の我が国の政治家輩は、誠実とはどういうものであるかをまだ知らない者である。

（注22）１４５２〜１４９８年。イタリアの聖職者、政治家。

政治と伝道の類似点①――信仰の事業

であるならば、どういう点において政治は伝道に似ているのか。

第一に、伝道も政治も信仰の事業である。信仰とはもちろん必ずしも神や仏を信じることばかりではない。それも確かに信仰であるが、信仰とはFaith——またはBelief、すなわち確信の意であり、その根本的確信とも称すべきものは正義に関する信仰である。すなわち正義の神聖と勢力と必勝を信じることである。

信仰は懐疑の正反対である。正義に味方する者は少数であって、不義に味方する者は多数であるから、そのために「正義はもしかしたら負けるかもしれない」などと言って、恐れおののく者は、正義について疑惑を抱く者であって、正義を信仰する者ではない。

正義を信仰する者は、正義そのものを信仰する者であり、世の人の正義に関する世論に動かされて信仰を動かす者ではない。

私が伝道に従事しているのも、及ばずながら信仰を持っているからである。日本のような国においてキリスト教の伝道に従事することに、社会の賛成がないのはもちろんのことであり、目の前の趨勢《すうせい》から打算すれば、私が負けるのは分かりきっている。しかし私は信じて疑わない。今現在の私の逆境は、私が選んだ主義が誤りであるという証拠ではない。

もし私が正義によっていれば、たった一人の私は日本の全国民四五〇〇万人〔1903《明治36》年当時〕よりも強い者である。私に大博士から駁撃《ばくげき》〔激しい反論〕があろうが、全国民の反対があろうが、そのようなことには私は少しも意を留めない。正義が正義である以上は、その上に立つ私は金城鉄壁《きんじょうてっぺき》よりも堅い者である。この信仰なくして、伝道は決してできない。キリストもパウロも、釈迦も日蓮も、伝道師という伝道師はみなこの確信の上に立った者である。

政治家の仕事は、正義を行うこと

政治家も同じである。政治とは政略を施すことではない。正義を行うことである。正義は宇宙の正義であるから、これに反抗するような者は最後には滅亡すべき者であり、我らの歯牙《しが》にかかるに足らない者である。

正義はきっと行われる。たとえ全国民が反対するとしても、行われる。たとえ全世界が反対するとしても、行われる。

私は人を信じない。正義を信じる。ゆえに正義が何度敗北しても、少しも失望しない。私が最も心配すべきことは、私に賛成者が多いか少ないかではない。私が正義によるかよらないかである。いったん釈然として「我は正義の上に立つ」と確信する以上は、その後は何が来ようが少しも恐れるに足りない。

歴史上の偉大な政治は、すべて信仰の政治

私の知るところによれば、偉大なる政治というものはみなこの信仰の政治であった。リンカンの政治、マッツィーニ（注23）の政治、グラッドストンの政治

は、みなこの信仰の政治であった。世に彼らを動かすことができる勢力はなかった。彼らは磐石《ばんじゃく》よりも堅い者であった。彼らは失敗したからといって、少しも歎《なげ》かなかった。

グラッドストンは、政治的には末路は至って哀れな者であったが、満々たる希望を抱《いだ》いて死に就《つ》いた。彼は自分の意見がいつかは実行されるに至ると信じた。これを信じてこれに則《のっと》って政見を立て、実行しようと努めた。したがって、グラッドストンの政治はルターの宗教と同じもので、その勇猛さと堅固さにおいて、両者はよく似ていた。

（注23）1805～1872年。イタリアの政治家、革命運動家。

政治と伝道の類似点②——公平の事業

第二に、政治は伝道と同じく信仰の事業であり、同時にまた公平の事業である。正義を行いたいと欲する政治家に、地方的観念とか階級的偏頗心《へんぱしん》〔えこひいき〕などというようなものがありようはずはない。一視同仁《いっしどうじん》〔すべてを平等に慈しむこと〕は天の心である。天の心は正義である。伝道は天の心を伝える事業であり、政治は国家の上に行う事業である。伝道と政治とは、事業の目的においてまったく相一致している。

政治と伝道の類似点③——自由を基礎とする

第三に、伝道と政治とはもともと自由なものである。なぜかというと、真理も正義も、もともと自由であるからだ。自由とは、意志の自由選択のほか何ものにも訴えないものである。

真理は人に向かって「我を受け入れなさい。そうしないのなら、我はあなたを殺す」とは言わない。また「我を信じなさい。そうすれば、我はあなたの欲するものを与えよう」とも言わない。

真理はただこう言う。

「我をあなた自身のために信じなさい。利害の損得という思いから完全に離れて、信じなさい。あなたが我を信じるからといって、必ずしもあなたが欲しいこの世の善きものを約束するわけではない。いや、我を信じることによって、あなたは多くの艱難《なやみ》を受けるだろう。しかし、それにもかかわらず、我を信じなさい。我を信じるということは、人類であるあなたの義務であるからだ」と。これだけである。

それゆえに、忠実に真理を伝える伝道師は、真理以外の勢力には何にも頼らない。威力、権力、暴力、金力《きんりょく》を用いないのはもちろんである。文章が秀《ひい》でていることや辞《ことば》がうるわしいことで、真理をことさらに飾ろうともしない。

真理には真理そのものの美がある。真理そのものの牽引力《けんいんりょく》がある。何もことさら私たちの美文や能弁術で真理を飾る必要はない。単純無垢《むく》の真理、真理ありのまま、これが最も美しく慕わしいものである。

金をメッキする者はばか者である。真理を飾ろうとする者はこれよりもさらに愚かな者である。真理の忠実な伝道師はただ簡単明白な真理を述べることだけに努めて、その他の方法や手段はなるべく取らないようにしている。

政治家にとって正義は最大の力

正義とその実行者たる政治家も同じものであると思う。正義そのものが最大の勢力である。正義そのものに絶大の利益が付着している。「正義は弱いものであるから、我らは別に勢力をつくって維持しなければならない」などと言って、老婆が赤子を扱うように正義を扱う者は、正義に対して最も不忠実な者である。

正義は幼主《ようしゅ》ではない。正義はジャイヤント（巨人）である。宇宙の勢力を握るものである。これを説きさえすれば、これを叫びさえすれば、黄金国はやって来るのである。ところが、これを知らないで、「正義を強《し》うる〔果たす〕」と称して、威力で人を脅《おびや》かし、金力で人を誘《さそ》おうとするのは、正義に対して不忠きわまる所業であり、このような人が正義を行うことができないのは、何よりも明らかだ。

正義を赤子扱いにするのはまだしも、これを利用するに至っては褻瀆《せっとく》〔軽んじること〕の罪であり、とうてい許すことはできない。正義を利益の下に置き、正義を利欲の奴僕《どぼく》とし、正義の名を聞いては心の中で嘲弄《ちょうろう》し、「政治とは利益を自分に収める機関である」と思う者に至っては、国賊の長、逆臣《ぎゃくしん》の首《かしら》、政界はもちろんのこと、人間社会から完全に排斥すべき者である。

理想と現実がかけ離れていたら

こう言うと、今日の我が国の多数の人はこう言う。「それは理想ではあるが、とうてい行われることではない。世の多数の人は愚人であるから、純正の真理や正義を説いたところで、とうてい受け入れられるものではない。この世においてことをなそうとするには、それ相応の手段がある。真理とか正義などと言って、名のみで実のないものを唱えたところで、何の効能もないのはよく分かっている。そんなつまらない理屈を唱えている間に、国はついに滅びてしまうから、今のうちに適当な方法を講じて、社会に我が意見を採用させて、この国の安全を計らなければならない」と。

一応もっともな説のように聞こえる。しかし、このような人は信仰の人、主義の人、真理と正義に忠実な人ではない。それのみならず、知略のある人のように見えて、実は至って浅慮の人である。

私は伝道的生涯において、このような老婆心《ろうばしん》を抱く多くの伝道師たちを見た。彼らは「信徒の信仰を固くする」などと唱えて、望みもしない洗礼を彼らに授け、教会内に引き入れて、それで安心であると思っていた。その人は私に「君がするようなやり方では、伝道に少しも締りがない。人は弱い者であるから、彼らに適当な保護を与えなければ、とうてい信仰を維持することはできない」と言った。そう言って、彼らは教会をつくり、教勢を張り、一時は真理のために非常に効を奏したように見えた。

しかし、まむしの子はどこまでもまむしである。たとえ神聖な教会内に招き入れても、真性の悪魔は天使とは化さない。自由意志に訴えないで、外部の圧迫や誘惑でつくり上げ、その上、規則で縛り上げて信者とした者は、ついにはその真性をあらわして、不信者どころではなく、世の俗人をさらに黒塗りしたような人物となったのである。

正義を知らない政治家は弱い

権力や金力やその他のすべての方法で伝えた真理は、何の用にも立たない。それで真理が伝わったと思うのは、そう思われるだけであって、事実は決して伝わったのではない。真理を伝える上で最も善い方法、最も早い方法は、真理そのものを自由撰択に任せ、我々人間は何の干渉も試みないことである。

これは私の伝道上の実体験である。私が説く単純な真理は世界を動かすに足る勢力である。何の策略も用いることなく真理を伝播《でんぱ》する者が、真理に最も忠実な伝道師である。

政治家も同じことである。「正義は私にあるのだから、私はどんな手段を使ってでも、これを実行してみせよう」などと言う人は、まだ正義とは何であるかを知らない者である。正義とは、政治家の世話にならなければ何もなすことのできないような、そんな意気地なしではない。

正義が自由に人の心に入り、人が自由に正義を迎えるときには、非常に大事をなすものである。正義によらずに、勧誘とか運動などによってなった代議士とか政党などというものを見てみよ。その無力なること、実に言語道断《ごんごどうだん》である。実際、彼らは何事もなし得ない。自由に選ばれない代議士は、自身が自由を持たない者であり、自由にその身を処置することができない。その結果、正義であると分かっても正義に賛成することができず、不義であると分かっても反対することができない。

人の自由を買って政治家となった者ほど無能力な者はいない。それで自己の経綸《けいりん》〔国家を治め整えること〕を施そうなどと言うのは、実に抱腹絶倒《ほうふくぜっとう》である。

第四章

真の伝道師になれ

① 伝道の勧め

神の愛を独占してはならない

救済の第一期は自己《おのれ》を救うことである。第二期は世を救うことである。自己を救わないで他人を救おうとすることは無益の労であることは言うまでもない。しかしながら、いつまでも自己の救済のことのみを心配して、他人を救おうとしない者は、最後は自己の救済までをも危くするものである。

救済は永久の事業である。これは万民が救われるまでやめるべきものではない。「自分は救われたから安心だ」と言って、万民の救済に心を配らない者は、救済半ばにして尽き、救われていないときと同じように滅びにいく者である。

「私は微力だから、他の人の救済までは、とてもかかわることができない」と言う人は誰であるか。神はそのような人は一人もおつくりにならないはずである。私は固く信じて疑わない。神は私たちだけを救おうとするために、救済をお与えになられたわけではないことを。

神は私たちを用いて世を救おうとするために、私たちをお救いになられたのである。神の恩恵を独占しようとする者から、かつてお下しになった恩恵を神は取り返される。

お金の善き使い方

諸君は神から賜わった恩恵について、包み隠すことなく世の人に向かって告白することができる。多くの人はこんなことでさえすることができない。彼らは沈黙を守って謙遜《けんそん》を飾ろうとする。宗教を自分自身のことであるとし、他人に分け与えようとはしない。このような人の信仰が日々に衰えていって、ついには信仰があるのかないのか分からないようになるのは、物事の道理から見ても最も分かりやすいことである。

多くの人、多くのクリスチャンは「金は誘惑である」と言う。実にお金は誘惑である。しかし、誘惑であるというその理由《わけ》は、広く自由に神のために使わないからである。お金は腐敗物である。肉や野菜と同じく、使わないで長く溜《た》めておくと、すぐに霊魂を腐らせるものである。あるいは災いが身にふりかかることを恐れ、あるいは事業の無限の拡張を謀《はか》って、神から賜わったお金を伝道または慈善のために使わない者は、再びお金で滅ぶところとなる。

私たちは富豪《かねもち》となるまで待っていてはならない。私たちは誰もが、今日ただ今より、神が各人に賜わった富に応じて、お金でもってもまた他人の救済にかかわらなければならない。

伝道しない信者は、真の信者ではない

善行はお金のみにとどまらない。知識も、権力も、健康も、男子の腕力も、婦人の美貌も、みな神のために、世の人の救済のために使うべきものである。

また、私たち自身の幸福から考えてみても、神と人類のためにこの身と所有《もちもの》を使うことぐらい愉快なことはない。ただ蓄《たくわ》えるだけで消費《つかわ》ない人は最も不幸な人である。彼らが常に憂鬱《ゆううつ》に沈みやすく、除こうとしても除くことのできない心の苦痛《いたみ》を感じるのは、他人の救済にかかわらないからである。

今や、日本は伝道上またと得がたい好時機に際している。「畑は熟《いろず》きて刈り入れどきになれり」〔ヨハネ伝四章三五節〕とは、実に今日のような日本のことを言うのであろうと思う。私たちは幸福にも、この時この国に生まれてきて、ただ自分自身の安全だけを計画《はか》って、この国を神に捧げるための大事業にかかわらないでいられようか。

全国の同志諸君、今、もし諸君と共に働けば、私たちは確かに、日本はもちろん東洋全体の救済のために、ここに新期限を開くことができる。私たちはすでに長すぎるほど、思考《おもい》と時とお金を自分自身の安全のために費《つか》った。今からは「世界の人」（世俗の人ではない）となり、小は小なるだけに全力を尽くして、この国と同胞を神に導こうではないか。

真正《ほんとう》のキリスト信徒である者は誰でも伝道に従事することができる。いや、伝道に従事することのできない者は信者ではないのである。

伝道は、説教でもなければ牧会《ぼっかい》〔牧師が信徒を導くこと〕でもない。伝道は、心で実体験した神の救いを世に発表することである。この実体験なくして、どんな該博な神学教育を受けた人も、キリスト教の伝道師となることはできない。また、この実体験があれば、どんなに無知無学の人といえども、有効な伝道師となることができる。

日本に必要なのは、良心の革命

今や日本が最も要求するものは、国民の良心の革命である。鈍っていて腐っている良心では、富も才も学も何の用もなさない。そして良心の革命は、倫理学の講釈によって起こすことができるものではない。良心は、良心の裁判人を待って初めてその睡眠から覚《さ》ますことができる。日本にキリストが必要であることは、病人に医者が必要であることよりも大である。

我が国が今日において腐敗しているということは、ほかでもない、国民の良心に生命がないからである。そしてこの良心の生命なるものは、キリストの福音を除いてほかにない。

なぜ伝道師は起《た》たないのか。なぜ青年は工学士、法学士、文学士、または医学士になることだけを欲して、伝道師になろうと欲しないのか。なぜ商人は財産をつくろうとだけ欲して、伝道のために資産を投じて救われる霊魂の収入を得ようと欲しないのか。なぜ妙齢の女子は富家《ふうか》に嫁《か》して貴女《きじょ》として世にあがめられようとすることだけを望んで、貧しい伝道師の妻となってその聖業を助けようと欲する聖望を起こさないのか。なぜ伝道の仕事がひどく不人気で、人はみな殖産、利達、栄進にのみ留意するのか。

もし地を拓《ひら》こうと欲するならば、わずか二〇万平方マイルのこの国に、すでに拓けるような寸地を残さないと言ってもよい。すべての事業は逼迫《ひっぱく》を極めて、新事業をこの地に起こすことの困難さは、実に名状しがたいものがある。

ただ、日本人の精神界だけはまったく荒蕪地《こうぶち》〔原野〕である。これはシベリヤの荒地に等しい未開地であって、誰でもここを耕して、たくさんの収穫を得ることができる。我らは、野心ある日本人がなぜこの新事業に着目しないのかと思うと、常に怪訝《かいが》〔怪しむこと〕の念に堪《た》えないものである。

伝道ほど楽しいことはない

世に真個《ほんとう》の伝道ほど楽しいことはない。これは事業中の事業であって、ひとたびその快味を味わえば、他の事業に転ずることはできない。

伝道は人の霊魂を救うことである。人を心の根底から改めることである。あるときは瞬間にして罪人が罪を棄てて神のもとに還《かえ》り来るのを目撃することがある。彼の家庭は清まる。妻子と姉妹は歓《よろこ》ぶ。生涯の方針はまったく一変する。彼によって新事業は企《くわだ》てられ、成就《じょうじゅ》される。一片の福音がこれほどまでに深遠な変化を生じさせるのかと思うと、実に驚くばかりである。

ここに、社会と人の心を根本的に改造することができる確かな勢力がある。そして我らは誰であっても、謙遜な心でこの勢力を使って、世に大革命者となることができるのである。

キリストを信じながら、キリスト教の伝道に従事せず、伝道の責任を分担したいと欲しない者は、宝を握って使わない人と同じである。このように、私は何重にもキリスト教の伝道を勧める者である。

②伝道できない言い訳を捨てよ

伝道できない言い訳①――「自分は訥弁《とつべん》だから」

自分は訥弁《とつべん》〔話が下手な人〕だから、伝道に直接加わることはできないというのは最も普通のことである。しかし、説教や演説に雄弁をふるうことが伝道なのではない。そのように言って伝道を雄弁家に一任するのは、福音が主《おも》に言葉のことであると認めているのであって、福音への理解が浅いと言わざるを得ない。福音は人を救いに至らせる能力である。そして伝道はこの能力の証明なのである。

そのために、いかに訥弁の人でも、この証明をなし得ない人はいないはずである。多くの訥弁の人が信仰の情熱にあふれて、訥弁に打ち勝ち、有力な説教者となったのである。アメリカの有名な大説教師フィリップ・ブルックス（注24）のような人がその最もよい実例である。

情熱をもって語るとき、訥弁そのものが大いなる雄弁となる。語ることができない者が語るときに、言葉に大いなる力がある。本当のクリスチャンは、何をしなくとも、主の恩恵を語ろうと欲する。もし口がきけないならば、手真似でもって語ろうと欲する。

訥弁か雄弁かは、問うに及ばない。ただ語ることができれば足りるのである。神は容易に訥弁を癒《い》やすことができる。

「ここに鬼に憑《つ》かれたる盲者《めしい》の唖者《おうし》をイエスにつれ来たりければ、これを癒やして、物言い、かつ見ゆるようになせり」（マタイ伝一二章二二節）とある。まして訥弁ならなおさらである。

（注24） 1835～1893年。アメリカの牧師（アメリカ聖公会の主教）。

伝道できない言い訳②――「将来、寄付するつもりだから」

「自分は伝道することはできない。そのためにお金をもうけて、そのお金を寄付して伝道を助けるであろう」というのは、多くの日本のクリスチャンが言うところである。まことに殊勝な申し出であって、伝道者の意を強くするように見えるものである。しかし、事実はどうかというと、このような約束をした人でこれを履行した人がいることを知らない。

多くの場合において、彼らはお金をもうけることができない。そして、もうけることのできた少数の者の場合において、惜しげもなくお金を伝道のために寄付した者がいることを知らない。彼らは、もうけることができなければ失望の人となり、もうけることができれば享楽の人となり、何らかの理由をつけて、容易にまたは決して伝道のために寄付をしない。世に当てにならないものとして、成功を条件に伝道金の寄付をするというクリスチャンの約束ほどのものはない。

伝道は、今なすべきである。寄付もまた、力に応じて今なすべきである。将来の成功を期しての約束はしないほうがよい。

私自身の場合においても、このような約束をした友人は決して少なくなかった。しかしながら、その一人たりとも、自分のつくった財産を投げ捨てて私の伝道を助ける者はいなかった。たぶん他の伝道師の場合においても同じであると思う。

伝道はお金がなくてもできる。伝道の責任に代えて、成功後の寄付金の約束をもってすべからず、である。

伝道できない言い訳③——「仕事があるから」

「伝道は大切であるが、信者という信者が一人残らず伝道に従事するならば、世に伝道師以外のクリスチャンがいなくなる。信者は当然すべての方面において活動すべきであり、伝道にのみ熱中して他の事業を怠るべきではない」。こう言って、多くの教育ある日本のクリスチャンは伝道に入らず、伝道をやめて、実業、経済、政治、法律の世界に入った。そして彼らは国のためにキリスト教のために善いことをしたと思った。

信者は一人残らず伝道師になってはならないとは、この世の小才子《こざいし》〔つまらぬ才人〕が言うことであって、神と神の人が言うことではない。伝道師はいくらいても足りないのである。

試みに考えよ。もし今日、我が国にいるという三〇万人〔1923《大正12》年当時〕のクリスチャンが一人残らず神の聖語《みことば》の伝達者であるとするならば、この国にとって不幸なことであろうか。決してそうでない。反対に最も幸福なことであったに相違ない。

もし三〇万人の日本のクリスチャンが熱心に伝道に従事してきたならば、日本の実業、政治、経済、その他国家社会全体が、今日のような憐れむべき腐敗の状態にはなかったであろう。国を誤る者に、この世の知者のような者はいない。「信者は当然この世に入って世を救うべきである」と唱えた者たちは、彼ら自身、世を救うことができなかっただけでなく、人が世を救う邪魔をした。

すべての有為のクリスチャンが率先して伝道に入って、国も救われ、教会も栄えるのである。

日本のキリスト教界にこの世の知者、worldly wise men があまりにも多くいることは、最も歎《なげ》くべきことである。彼らは十字架教の使者であることを避けて、文学博士や法学博士、理学博士、工学博士となって、自分自身も国家も救うことができなかったのである。

神のための伝道であるからこそ強い

伝道は、結局、成功を期待して従事すべきものではない。昔の預言者にして成功した者は一人もいなかった。イザヤ（注25）もエレミヤ（注26）もホセア（注27）もことごとく伝道失敗者であった。彼らは南方のユダヤ王国も、北方のイスラエル王国も救うことができなかった。彼らはこのことを思って、たびたび失望した。しかしながら終生預言（伝道）をやめなかった。彼らは亡国を予期しつつ伝道を続けた。

伝道を慈善事業の一種と見ることが、伝道が成功しない本当の理由である。神の聖意《みこころ》を伝えるにあたり、これによって人が救われようが救われまいが、国が興《おこ》ろうが滅びようが、そんなことを眼中に置いて有効な伝道はできない。

人のための伝道ではない。神のための伝道である。

惻隠《そくいん》〔憐れむこと〕の心に動かされての伝道ではない。神に余儀なくされての伝道である。

ゆえに強いのである。民の傷を浅く癒やすのではなく、生命《いのち》を民の心に深く打ち込んだのである。

ゆえに彼らの預言〔伝道〕によって国は政治的には救われなかったが、精神的に基礎づけられて、滅びても、復《ま》た興り、ついに永久に滅ばない民となったのである。成功を期待するような伝道の効果は自明なだけである。「人は救われなくともよい。国は滅びてもよい、正義であるために唱える。神の聖意《みこころ》であるために伝える」という底《てい》〔程度〕の伝道でなければ、人を救わず、国をも興さない。

成功を期待していては、政略をまぬかれない。「眼中、人なし、ただ神あるのみ」という質《たち》の人だけが、真の伝道に従事することができる。

イエスご自身が決して伝道の成功者ではなかった。イエスは伝道の首途《かどで》〔門出〕において、夙《はや》くも成功の希望を絶たれてしまわれた。悪魔はイエスを高い山に連れて行き、世界の国々を示して、これを救う策を彼に授けようとした。しかるにイエスはこれを退けて言われた。

「サタンよ、退け。主たる汝の神を拝し、ただこれにのみ仕うべしと聖書にしるされたり」（マタイ伝四章八―一〇節）と。この伝道の失敗者、その人こそが、我らの救い主イエス・キリストである。

（注25）紀元前8世紀後半のユダ王国の預言者。
（注26）紀元前7世紀中頃～6世紀初期のユダ王国の預言者。
（注27）紀元前8世紀後半のイスラエル王国の預言者。

③ 真《まこと》の伝道師たれ

伝道師の仕事

伝道師はその名のごとく道を伝える者である。人に宇宙の真理を唱え、これを尊奉《そんぽう》させ、服従させ、それによって自然の法則の下で限りない天の恵みの沐浴《もくよく》をさせようと努める者のことである。

すなわち伝道は志士が避けてはならない職分である。他に伝える道を蓄えることなく、また、蓄えながら他に伝えないようであれば、志士でありながら志士ではないのだ。

伝道師は、自己《おのれ》にゆだねられた神の奥義、すなわち福音の真理を忠実に伝えることができれば、任務を全うするのである。人がこれを受けるかどうかは伝道師の問うところではない。「神の道《ことば》を混乱せず、誠《まこと》により神によりて、神の前にキリストにありて言《ものい》」〔コリント後書二章一六節〕えば、それでことは済むのである。

まず第一に、伝道師が説く福音は純清でなくてはならない。その他は枝葉問題である。

伝道師は読んで字のごとく、道を伝える者である。慈善家ではない。社会改良家ではない。教会建設者ではない。伝道者である。

神は、その聖言《みことば》の伝達によって国は必ず興るはずだとはお約束されない。神は預言者エレミヤに告げて、「見よ、我、今日汝を万民の上と万国の上に立て、汝をして、あるいは抜き、あるいは毀《こぼ》ち、あるいは滅ぼし、あるいは倒し、あるいは建て、あるいは植えしめん」（エレミヤ書一章一〇節）と言われた。壊すのも建てるのも、倒すのも植えるのも、預言者の責任ではない。神は預言者に「我が汝に命ずるすべての言《こと》を語るべし」〔エレミヤ書一章七節〕とお命じになられた。

神の言《ことば》を誤らずに語ること、それが預言者の職務である。預言者は憐憫《れんびん》のために言い控えてはならない。人の顔を恐れてこれを隠してはならない。結果の次第を顧みず、大胆に宣《の》べ伝えるべきである。預言者のことを世の救済者であると見ると、完全に誤解するのである。

昔の預言者がそうであった。今の伝道師がそうである。福音を乱すことなく伝える人が真個《ほんとう》の伝道師である。近代式の伝道が、多数を教化しようと努力した結果として福音を曲げる傾向があるのは、人のよく知るところである。もちろん福音は人を救おうとするための神の能力《ちから》である。神の能力（機械）であって、人の能力ではない。神が使用して人をお救いになられる機械であって、人が欲するままに使用することができるものではない。神の福音である。したがって伝道師はこれに加えることなく、またこれを削ることなく、伝えられたそのままの言を説かなくてはならない。

伝道師の心得

真《まこと》の伝道師にならなくてはならないものが三つある。

その第一は、神に救われたという実体験である。これがなければ、いかに聖書知識が該博《がいはく》であっても、いかに哲学的素養が深遠であっても、人を教え、霊魂を救うことはできない。まず自分が神に救われたという実体験なくして、他の人を救いの道に導くことはできない。

第二は、正直である。伝道に政略は無用である。無用であるばかりか、有害である。「恥ずべき隠れたることを捨てて、悪しき巧みによりて歩かず、神の道を乱さず、真理を明らかにして、神の前に、おのれをすべての人の良心に質《ただ》すなり」(コリント後書四章二節)というのがパウロの伝道法であった。自分の良心をもって他の人の良心に臨む。信念をありのままに披瀝《ひれき》して、世の公平な判断に訴える。伝道は戦争ではない。伝道に戦略または謀計《ぼうけい》があってはならない。真理そのものにまさる勢力はない。政略も知略も伝道にとっては大妨害である。失敗してもよい。誤解されてもよい。ただ神の道を乱されないかが心配だ。正直なる心をもって明白なる神の真理を伝える。そのために教会が建たなくてもよい。牧師、宣教師たちに嫌われてもよい。成功を度外視して、ただひたすら真理の唱道者《しょうどうしゃ》であるべきである。

第三は、健全なる常識である。事実は事実として採用し、これに服従すべきである。前もって作った説で万事を判断してはならない。真理のある説ならば、臆《おく》することなく採用すべきである。高等批評に聞くべきところがあれば、躊躇《ちゅうちょ》することなく聞くべきである。今の時代においては、どんな人も科学の結論を無視することはできない。もし科学に反対するべき点があれば、聖書の言《ことば》をもってするのではなく、科学をもって反対すべきである。哲学には哲学で応じ、批評には批評で応じるべし。

信仰は無学という意味ではない。知識をもって潔《きよ》めなければ、信仰は迷信と化しやすい。信仰は単に信仰のみのことではない、また知識のことである。正直に、知識をもって鍛えた信仰を伝えて、真の伝道が行われるのである。

伝道師は福音を伝えることに忠実であるべき

伝道師がなし得る最大の慈善は潔き、正しき、独立の福音を説くことである。使徒行伝三章六節に使徒ペテロが言うように、「金と銀とは我にあるなし。ただ我にあるものを汝に与う。ナザレのイエスの名により立ちて歩め」である。

真の福音をもって、萎《な》えた霊魂を立って歩かせる。それが伝道師の職分である。衣食を与え、生活の欠乏を補うことは、大いなる貴い事業であるが、しかし、これは神が伝道師に命じられた事業ではない。

同六章二節に「十二使徒ら、弟子たちを呼び集めて言いけるは、我ら、神の言《ことば》（福音）を捨てて飲食のこと（慈善事業）に仕うるはよろしからず」とあるように。慈善事業をする人は別にいる。伝道師は福音を伝えることに忠実で、また勤勉であるべきである。

④ 伝道師が行くべきところ

他の人が行かないところへ行け

私たちはなるべく他人の行かないところ、誰も行こうと思わないところに行って働くべきである。これは実にパウロの伝道の方針であり、また私たちの方針でなくてはならない。

日本には人口が四七〇〇万余あり、クリスチャンと呼ばれている人は三、四万にすぎない〔1903《明治36》年当時〕。今や、都会でも田舎でも、教会や講義所の設立が見られるようになったが、いまだにキリスト教とは何であるのかさえも知らない者は天下に何千万人いるか分からない。こういう場合の私たちの伝道の区域は非常に広いものであって、私たちはちょうどアフリカの内地に入って植民地を求めるようなもので、なにも他人の伝道の区域を蚕食《さんしょく》する必要は少しもない。

私たちは嫉妬の精神を非常に忌み嫌う者である。誰に対しても好意を表わそうと欲する者である。したがって、なるべく他人の事業との接触を避けようと欲する者である。

他人が都会で働こうと欲すれば、私たちは田舎に行こう。彼らが学生を導こうと欲すれば、私たちは農夫や職工を訪れよう。彼らが常に勁敵《けいてき》〔強敵〕と見なしている寺院の僧侶を、私たちは私たちの友人として迎えよう。私たちは謹んで、他人が導いた信者に道を説くまい。

私たちは他人の先駆《さきがけ》となることはあっても、彼らの後殿《しんがり》になって彼らの労働の結果を収めるようなことは決してしないつもりである。

無神論者、他宗の人への伝道

世のクリスチャンたちに言う。

もし私たちが発行する雑誌や著書によって、これまでのあなたがたの教会的関係を害《そこな》うようなものが少しでもあれば、直ちにこれを取って捨てられよ。私たちの目的は病の人を癒やそうと欲することであり、健康な人を導こうと欲するのではない。

したがって、私たちはすでに教会を持つ人に向かってことさらに道を説くまいと思う。私たちが特別に追求する者は、無神論者である。仏教の僧侶である。宗教も教会も持たない者である。精神界の浪人である。

私たちが行こうと欲するところは、教会や講義所などがある土地ではなく、いまだかつて一回もキリスト教というものが伝えられたことのないところである。

⑤ 私の伝道考察Ⅰ――東北編

霊の救済を目的とせよ

人は肉と霊である。したがって人を完全に救いたいと思うのならば、その霊肉二つともを救わなければならない。

肉は外であって、霊は内である。肉は欲と情が存在するところであって、霊は意と神《しん》とが存在するところである。もし肉が衣服ならば、霊は身体《からだ》である。肉を宮殿とするならば、霊は神体である。肉は霊のためであって、霊は肉のためではない。

身体は衣よりまさるように、霊は肉よりもまさる。霊にとって肉が必要であるということをもって、霊は肉に属するものであると見なす理由とするには足りない。ゆえに人を救う目的はその霊を救うことにある。肉のために肉を救うのではない。霊のために肉を救うのである。我らはどんな救済事業に従事するにあたっても、この一事を忘れてはならない。

けれども今の世のいわゆる救済事業というものは、ほとんどそのすべてが肉の救済である。殖産工業はもちろん人に衣食を与えることである。政治や法律は人権の擁護であって、人権の擁護とは財産や生命（肉体）の保護である。教育は主として人に衣食を得る道を教えることである。そして宗教ですら、今は現世における生活の幸福を増すための手段と化した。今の世は一から一〇まで肉の世である。孝行とは、親に衣食を与え、肉体的快楽を供することである。忠君とは、富国強兵に努め、物質的に国の隆盛を計ることである。

今の人は霊があることを知っていたとしても、人を霊として扱わない。彼らの眼中は、肉あるのみ、である。彼らの思惟《しい》の根底は肉である。彼らは肉を離れては何も思惟することができない。

なぜ東北が疎《うと》んじられるのか

東北の救済は日本人にとって目下の最大問題である。最大問題であるべきなのである。東北六県は面積においては日本の七分の一である。人口においては九分の一である。そしてこの土地の民が連年、津波に、不作に、霜害に、無知に、無学に苦しみつつあるのである〔1906《明治39》年当時〕。

いかにしてこの民を救うのか、これは日本の最大問題であるべきはずである。けれども不思議なことに、東北の救済が最大問題となってはいない。海外の朝鮮、満州が最大問題となりつつある今日、東北の救済問題は第三、第四の位置に置かれつつある。これは、はなはだ奇異な現象と言わなければならない。

しかし東北が一般に疎《うと》んじられる理由は、発見するのに難《かた》くない。それは東北の生産力が比較的多くないからである。すなわち東北が日本の物質的な増強に貢献できる部分が比較的少ないからである。

もし阿武隈川《あぶくまがわ》の沿岸が利根川《とねがわ》の沿岸のように豊かであったならば、もし陸奥《むつ》〔青森県、岩手県、宮城県、福島県、秋田県東北部〕が筑前《ちくぜん》〔福岡県西部〕であり、羽後《うご》〔秋田県の大半と山形県の一部〕が肥後《ひご》〔熊本県〕か筑後《ちくご》〔福岡県南部〕であったならば、東北問題は言うまでもなく、もうすでに日本の最大問題であったであろう。政治家も教育家もすべて眼を東北の富源《ふげん》〔富を生み出す源〕に注ぎ、慈善家が立ち上がって東北のために特別に絶叫する必要はさらにないであろう。

東北が等閑《なおざり》にされている理由がこのようなことであるとすれば、その理由の裏にさらに大きな理由があることを発見するのは決して難くない。その貧困のゆえに東北を軽んじる者は、東北五〇〇万の民よりも東北四四〇〇方里《ほうり》（注28）の山野に重きを置く者である。生産力と購買力で民の価値を定める者である。このような国民が東北問題を等閑にしてしまうことは決して不思議なことではない。

今日の日本において、東北問題が最大問題として現れないのは、日本人の不完全な人生観に起因すると言わざるを得ない。

東北五〇〇万の民は貴い民である。米を作り、蚕を養うがゆえに貴いのではない。人として貴いのである。彼らが、その内にあるすべての能力を開発することができるならば、阿仁《あに》〔秋田県北秋田市〕の銅山、伊達《だて》〔福島県伊達市〕の絹にまさる価値がある。彼らは霊魂を持っている人である。いや、もし彼らの霊性を発育するならば、貴顕搢紳《きけんしんしん》〔地位が高く名声がある人〕も及ばない人になることができる者である。

もし日本人全体が人の所有品《もちもの》よりも人の霊魂を重んじるならば、決して東北五〇〇万の民を今日の憐れむべき状態に残してはおかない。有為で頼もしい兄弟姉妹を持っているかのように彼らを誘掖《ゆうえき》〔導き助けること〕し、開明と幸福と知識に導くに違いない。

（注28）一辺一里の面積。約67863平方キロメートル。

東北の運命は宗教次第

しかしながら、東北が日本全国に重んじられないのは日本人全体の科《とが》ばかりではない。東北人がみずからの価値を知らないことにもよる。

東北は西南に比べて、地位から言っても、地質から言っても、確かに貧国である。東北は米や麦や絹、その他の農産物や製造物で競争場裡《り》に立って勝ちを制することは決してできないと思う。東北には、地より産する物のほかに、何か産物がなくてはならない。その産物は決して肉に属するものではない。

今の日本人が聞いたら笑うであろうが、私の信ずるところによれば、東北の特産物は意志でなければならない。霊魂でなければならない。地から得るところが薄いから、天から獲《え》るところが厚くなければならない。これは決して空想ではない。

世界のいずれの国においても、我が東北地方のような地位と境遇に置かれた国にとっては、霊をもって肉に勝つよりほかに勝ちを制する道はないのである。

もし土地を耕すことができなければ、民の心を耕すべきである。そうすれば土地から生じる産物にまさる産物を得ることができ、国は栄え、民は輝くのである。国が貧しければ貧しいほど、その民の心を耕す必要が多い。人は誰もがその霊を磨く必要があるが、貧しい民は富める民よりも磨く必要が多いのである。

ここに、東北の救済策として宗教伝道の必要がいっそう切に感じられるのである。私は東北の運命は採用すべき宗教いかんによって定まるとまで断言してはばからない。東北は真理の浄土とならなければ、関西ならびに西南地方と対立することはできない。もし薩州《さっしゅう》〔鹿児島県〕の産が軍人であり、長州の産が政治家であり、畿内《きない》〔京都府、奈良県、大阪府〕の産が美人であり、江州《ごうしゅう》〔滋賀県〕の産が商人であるとすれば、東北の産は正直で高潔な神の人であるべきである。

東北は希望の地

今日までの私の実体験に照らしてみて、東北に対する私の希望は、まったく根拠がない希望ではないことが分かる。東北人は頑《がん》として愚である。私は東北人を愛するために、このように公言してはばからない。

しかし、東北人は正直である。彼らが人に欺《あざむ》かれやすいのは、真理を受けやすい徴候である。東北の人は容易に真理を受けない。しかしながら、ひとたびこれを受けると頑固にこれを維持する。

東北に愚物《ぐぶつ》〔愚か者〕は多い。しかしながら九州や中国におけるような疑物《ぎぶつ》〔疑い深い者〕は多くない。東北の原野が、畿内や中国のそれに比べて粗にして大なるように、民の心も広く質素である。人にはばかることなく愚（世の称する）を押し通す勇気がある。東北に霊魂開発の希望があるのは、このためである。

愚なる東北人は容易に新しい真理を受け入れない。そして誰にでも非常に欺かれやすくもある。彼らは自分の敵と味方を見分ける力に乏しい。しばしば敵を味方として歓迎し、味方を敵として排斥する。そのために東北人を感化するには多くの忍耐力を要する。

東北を教化《きょうけ》するには、石地を耕すように困難である。果実は容易に収めることができない。しかしながら、ひとたび収めた果実は容易にその味を失わない。関山〔山形県東根市〕産のりんごのように、花巻〔岩手県〕産の百合根《ゆりね》のように、咀嚼《かんかん》でますます味の芳《かぐ》わしさを知るのである。

ゆえに私は伝道地として東北に多大の希望をつなぐのである。東北人は、もしかしたら「神の知者」として立つであろう。あるいは、聖書でいう「工匠《いえつくり》の捨てたる石は、家の隅《すみ》の首石《おやいし》となれり」（マタイ伝二一章四二節）という言にかなうであろう。そして東北人が神の聖徒として立つとき、岩手山《いわてさん》の麓はバラのように花咲き、八甲田山《はっこうださん》の頂は膏《あぶら》をしたたらすに至るであろう。

そのために、私は、家にいて東北の山野を黙想するときに、常に聖詩人の言を想《おも》い出すのである。

「涙と共にまく者は喜びと共に刈りとらん

その人は種を携え、涙を流して出で行きしかど

束を携え、喜びて帰り来たらん」（詩篇一二六篇五—六）

⑥ 私の伝道考察Ⅱ——中国編

中国人を愛してこそ

中国（当時は中華民国）は大国である。日本の二七倍以上であり、ヨーロッパ大陸よりもはるかに大きい。アジア大陸の四分の一、全世界陸面のほとんど一三

分の一である。そして人口は四億何千万と言われ、世界総人口の四分の一である〔1923《大正12》年当時〕。このような国柄であるので、中国の運命が全世界の運命に大いに関係するのは言うまでもない。

中国にとって、隣邦の日本は、遠方のアメリカやイギリスよりもはるかに縁の遠い国である。アメリカもイギリスもフランスも、小さなスイス、またデンマークも、中国を愛する点においてははるかに日本以上である。見よ、イギリス人の中国伝道の盛んなことを。

有名なロバート・モリソン（注29）は一八〇七年に広東《カントン》に来て、まず中国語に精通し、浩瀚《こうかん》六冊にわたる中国字典を著し、学校を設け、薬局を開いて中国伝道の基礎をつくり、貴重な生涯の全部を中国人のために捧げた。

中国内地伝道の創始者ハドソン・テーラー（注30）もまた中国人の大恩人である。今や彼の後を継いで中国内地に伝道するイギリス人は一〇〇〇人以上に達するとのことである。その他、スコットランド宣教師W・C・バーンズ（注31）、モンゴル人の使徒と呼ばれたジェームス・ギルモア（注32）など、実に枚挙にいとまがない。同じことがアメリカ宣教師についても言われるのである。ローマ天主教会〔ローマ・カトリック教会〕もまた早くから中国伝道に力を注ぎ、今や回心者が一〇〇万人以上を数えるとのことである〔1923《大正12》年当時〕。雲南、四川《しせん》、甘粛《かんしゅく》等、商人が行かないところにも福音の宣伝者は行っている。

大砲や軍艦による中国征服はやめても、平和の福音による中国占領は止まらない。我が国の軍人や政治家が夢想だにすることのできない方法で、欧米人は中国征服を行いつつある。すなわちキリストの福音によって中国人の心を占領しつつあるのだ。これは単に政治上から見ても、日本にとって小事ではない。ましてや同胞の義務として日本人の怠慢は実に許されるべきことではない。

けれども愛のない人に愛を訴えるのも無益である。外国人と言えば中国人までも自分には関係ない者と見る今の日本人の多数に、中国伝道を謀ったとしても、何の反響もないのはもちろんである。けれども私たちは幸いにしてキリストの愛を知らしめられた。私たちは日本人同様に中国人を、アフリカの人を、アメリカのインディアン〔ネイティヴ・アメリカン〕を愛することができることを神に感謝する。ゆえに、まず隣邦の中国に対し、少しばかりの愛を表することを許していただき、これに合わせて中国人のために祈りたく思う。

中国人は私の肉の肉、骨の骨である。私に仁義の道を教えてくれ、キリストを知る前に少しなりとも私を人らしき人にしてくれたものであり、この中国人に対して私は報恩の義務を負う者である（注33）。

（注29）1782～1834年。イギリスの宣教師。
（注30）1832～1905年。イギリスの宣教師。
（注31）1815～1868年。イギリスの宣教師。
（注32）1843～1891年。イギリスの宣教師。
（注33）内村は儒学者の父（内村宜之《よしゆき》）のもとで、幼少時より儒教的教育を受けた。

⑦ 私の伝道考察Ⅲ――アフリカ（マダガスカル）編

台湾によく似たマダガスカル島

マダガスカル島は、インド洋の内にありアフリカ大陸の東南に位置する。面積は二二万八〇〇〇平方マイルで、日本の一倍半である。ほとんど大陸に類する一個の大きな島である。

その位置ならびに地勢は、台湾によく似ている。大陸の東南に位置すること、台湾が赤道の北にある分だけ、マダガスカル島は南にあること（夏至線《げしせん》は台湾を通過し、冬至線《とうじせん》はマダガスカル島を通過している）、その形が南北に長く、東西に短く、北にとがり、南に円《まる》いこと、特に山脈が中軸の東方に位置して南北に走り、そのために東側の大洋に面する傾斜が急であり、西方《さいほう》大陸に面する傾斜がゆるやかなことなど、その他のことでも、二つの島はよく相似ている。したがって、台湾を一七倍大にしてインド洋に移したものがマダガスカルであると見るならば、日本人には分かりやすい。

台湾を拡大したような島であるマダガスカルには、およそ三〇〇万の民が住んでいる〔1923《大正12》年当時〕。すなわち二島は人口がほとんど同じである。また人種も似たところがある。マダガスカル島はアフリカに属するが、その人種は黒色人種《ニグロ》ではなく、マレー人種である。すなわち台湾の土蕃《どばん》〔原住民〕と同人種である。したがって、言語においてよく似ているだろうと思う。

我ら日本人の内にもマレー人種が混じっていることは確かであるので、日本人とマダガスカル人とは縁のない人民でないことが分かる。日本の地名や人名にA音の多いことは誰でも気がつく。Asamayama, Arakawa, Asakusa というようなものがそれである。マダガスカルの地名や人名も同じである。国の名がMadagascar《マダガスカル》である。母音はみんなAである。首府をAntananarivo《アンタナナリボー》と言い、A音が多数を占めている。主《おも》な港をTamatave《タマタブ》と言い、最も高い山をAnkaratra《アンカラトラ》と言い、最も広い地方をSakalava《サカラバ》と言う。有名な国王をRadama《ラダマ》と称し、女王をRanavalona《ラナバローナ》と呼ぶ。A音が多いことは、一目瞭然である。

殉教者が数百人出ようと、伝道を進める

この国には早くからキリスト教が入ったのである。一八一〇年にラダマ一世が位に即《つ》き、国に大改革を行った。その改革の一つとしてキリスト教の宣伝が奨励され、一八二〇年にロンドン外国伝道会社〔ロンドン伝道協会〕によって公に伝道が首府アンタナナリボーにおいて開始された。国語のマラガシー語〔マダガスカル語〕はローマ字で書き記され、聖書が翻訳され、学校が起こされ、教会が建

てられ、数年内に布教の大成功を見るに至った。

ところが、ラダマ王が死んで、女王ラナバローナ一世が嗣《つ》ぐと、キリスト教に対し大反動が起こり、信者は追われ、あるいは獄に投ぜられ、殉教を遂げる者は二〇〇人に達したとのことである。迫害は三三年間継続したが、信仰は進むとも退かず、女王が死んで、福音は深い根をマダガスカル島の国土に下ろしたのである。

次に来たのがラダマ二世、その次が女王ラナバローナ二世であり、いずれもキリスト教の奨励者であった。女王はみずから進んで信者となり、夫と共にバプテスマを受け、礼拝を宮庭で行い、偶像を破壊し、迷信を排し、一躍してキリスト教国の班《はん》〔仲間〕に入った。

ここにおいて、キリスト教に対する反動の反動が起こり、上がするところを下もこれに倣《なら》い、マダガスカル人は国王に倣ってバプテスマを受けてキリスト教会に入った。宣教師の得意が思いやられる。統計によれば、一八六九年には三万七〇〇〇人の信者だったが、その翌年には激増して二五万人になった（注34）。

（注34）ラナバローナ二世が位に就いたのが1868年（1883年に退位）。

無神論の政治家の支配下に置かれる不幸

ところが、マダガスカル島伝道の失敗はここにあったのである。その後、一三年を経てフランスの保護国になると、フランス流の不信と冷淡の輸入と共に教勢はたちまち衰え、ロンドン伝道会社配下の信者二五万人は四万八〇〇〇人に激減したとのことである。

マダガスカルにおいて伝道したものは、第一がロンドン伝道会社、これに次いでイギリス福音伝播《でんぱ》会社〔イギリス海外福音伝道会〕、ノルウェーならびにアメリカのルーテル教会〔ルター派教会〕、イギリス友会《フレンド》〔フレンド外国伝道協会〕、ならびにフランス新教徒伝道会社〔パリ福音伝道協会〕であり、いずれも成功している。最近の調査によれば、教会の数は二三一二、信者は新教徒のみで三四万以上であるとのことである。天主教徒はその五分の一にすぎず、マダガスカル島は国として新教国である〔1923《大正12》年当時〕。

ところが、この新興の新教国は、今では欧州の旧教国、むしろ無神論国なるフランスの属国となったのである。一八八三年にはすでにその保護国たる観があり、一八九九年に至って女王は国外に追われ、国は完全に独立を失い、無神論者が多数を占めるパリ政治家の支配を受けるに至った。

一九〇六年にはすべての宗教学校は門を閉じることを余儀なくされ、フランス流の無神論的教育が全島に布《し》かれるに至った。福音の真理を解することのできない民としてフランス人のごときはおそらくあるまい。このような国の属国となって、マダガスカル人はイスラエルの民がバビロン人に囚《とら》えられたのと同じような運命に陥ったのである。

しかし神はマダガスカルをお守りされると信じる。マダガスカル島に播《ま》かれた福音の種が生長し、クレマンソーとかポアンカレーとかいう、信仰なき政治家たちの勢力を断ち切るときが必ず来ると信じる。

私はマダガスカルのクリスチャンに対し厚い同情を表す。同時にまた、我らもこの国において、マダガスカルに臨んだ災厄が我が日本に見舞うことがないように祈る。

第五章

いざ、世界伝道へ

① 世界伝道の精神

なぜ伝道できないのか

伝道と言えば、人に福音の道を伝えて信者にすることであると思われる。伝道は自分に近い人から始めて、最後は遠い人にまで及ぶものであるとされる。自分の家族から近隣へ、村へ、郡へ、県へ、国へと、順を追ってなすべきことであると信じられている。

そこで、まず自分に信仰がなければ他に伝道はできないから、第一になすべきことは自己の修養である。自分が充《み》ち足りてから後《のち》、他を教化《きょうけ》することができる。これがたいていの信者が伝道について抱く思考《かんがえ》である。その結果として、伝道は容易に始まらないのである。

たいていの信者は自分の修養に忙しくて、他を教化する暇がないのである。彼らは言う。「私のような者はとうてい世を教化することはできません。自分一人の信仰を維持することさえできれば上出来です。私はそれ以上を望みません」と。

このようにして伝道はいつまでも始まらないのである。このような信者は不信者同様、自己中心の人である。彼らは他を教化することもできず、自分もまた信仰に進むことができないのである。

イエスは世界伝道を命じた

しかしながら、これは伝道の誤解である。クリスチャンは神の子とされた者であって、全世界を自分の活働《はたらき》の区域となすべき者である。

「万物は汝らのものなり」〔コリント前書三章二一節〕とある。「畑《はた》はこの世界なり」（マタイ伝一三章三八節）とイエスは言われた。

キリストは「世《よ》（全世界）の罪を負う神の小羊」（ヨハネ伝一章二九節）であった。「彼はまことに世（全世界）の救い主」（同四章四二節）であった。「神のパンは生命《いのち》を世（全世界）に与うるものなり」（同六章三三節）とある。

「神はキリストにありて、世（全世界）をおのれと和《やわ》らがしめ、その罪をこれに負わせたまえり」（コリント後書五章一九節）とパウロは言った。復活したイエスが地上において発せられた最後の言《ことば》は次のようなものであったという。

「汝ら行きて、万国の民を弟子とし、彼らにバプテスマして、これを父と子と聖霊の名に入れ、かつ我がすべて汝らに命ぜし言を守れと彼らに教えよ。それ、我は世の終わりまで常に汝らと共にあるなり。アァメン」（マタイ伝二八章一九—二〇節）

イエスは世界伝道を弟子たちに命じて、昇天されたのである。

信者の義務と責任と特権は、世界伝道にある

以上から、クリスチャンの義務または責任、ならびに特権は世界伝道にあることが分かる。彼は全世界と共に救われたのである。かの救い主《ぬし》は万国民の救い主である。イエスは自分一人で救われようと欲して、救われないのである。

クリスチャンはもちろん自分の救いを完成《まっとう》しなければならない。自分の家族ならびに国家が救われるために努力しなければならない。しかし、それだけでは足りない。クリスチャンは主と共に、全世界の福音化、万国民の救いを願い、そのために尽力しなければならない。これはクリスチャンが授かった大いなる特権である。日本のためにのみ救われたのではない。全世界、全人類のために救われたのである。

クリスチャンはキリストの福音を信受《しんじゅ》〔教えを信じて心に持つこと〕したときに世界人となったのである。そうであるならば、目的、祈禱《きとう》、活動は狭い一国に

よって限られてはならない。全世界がクリスチャンの畑とならなければならない。メソジスト教会の開祖ジョン・ウェスリーの標語はこの聖句であったという。すなわち'The field is the world.（我が活動の区域は全世界である）と。我はクリスチャンとなって六大州（注35）を神よりいただいたのであると考えて少しも間違いないのである。

（注35）アジア、ヨーロッパ、アフリカ、北アメリカ、南アメリカ、オセアニア。

世界のために尽くすことで、本当の日本人になる

そして全世界のために祈り、そのために尽くして、自分は世界大になるのである。人の心は目的が大きいだけ大きいものである。アフリカ大陸一二〇〇万平方マイルもまた我が祈禱の領分であると知って、小心翼翼《しょうしんよくよく》（気が小さくびくびくし

ている さま〕である小国の民であることをやめて、世界の市民となるのである。

パウロと共に世界伝道を我が主眼とするに至って、同情は世界大に拡張し、全人類を兄弟として愛することができるのである。その幸福《さいわい》たるや、実に言語に絶する、である。そしてこのことは決して夢でも妄想《もうそう》でもないのである。我が能力《ちから》の範囲内に世界人類のために尽くして、自分もまた、ある意味において、世界の持ち主となるということは、誰でも実体験することのできる事実である。

そうすると、世界のことを思って自分と自国のことを忘れるかというと、決してそうではない。人は世界人となったときに本当の自分となり、また本当の日本人となるのである。人は世界のために尽くして、ますます多く自分と自国のために尽くすのである。

論より証拠である。自己修養に熱中する人はいつになってもその修養を完成しない。けれども、いったんその熱心さを自分以外に注いで、遠いアフリカの人々または北氷洋《ほっぴょうよう》のエスキモー族のために祈り、救いにかかわるに至って、いまだかって味わったことのない平和と喜びが自分の心に臨んで、修養以上の修養を遂げることができるのである。

自分中心のキリスト教は偽りのキリスト教である。キリスト教が世界的宗教である以上、これを信ずる者は世界的にならずして、与えようとする宏益《こうえき》を受けることはできない。

けれども人は言うであろう。「私は弱くて自分さえ完成できない者だ。私がどうして世界のために尽くすことができようか」と。確かに、もちろん多く尽くすことはできない。けれども自分の能力相応に尽くすことができる。我らは、まず第一に世界のために祈ることができる。

寄付において大事なのは金額の多寡ではない

そしてただ漠然として祈るのではなく、たとえば中国の揚子江上流にある四川省の民のために、あるいはサハラ砂漠の南のほうにあるナイジェリア地方の人々のために、あるいは南洋フィジーまたはニューギニア島等の人々のためにと、区画を定め、人種を選び、特に彼らのために祈ることで、いくらかなりとも教化のために貢献することができる。

そして真実《まこと》の祈禱《きとう》は、祈禱でもっては終わらない。さらに進んで、実物の寄付をしたくなる。最も簡易な寄付は、金銭で行う寄付である。たとえ一〇銭なり五〇銭なり一円なりとも、遠隔の地の民のために寄付して、彼らに対する我らの同情を強め、かつ確実にすることができる。多寡の問題ではない、質の問題である。祈禱《いのり》を添えて送った一円は、永久的に大きな仕事をするのである。

②伝道を志願せよ

信者の第一志望は伝道であるべき

信者は誰でも伝道を志願すべきである。ちょうど国難に際して国民は誰もが出陣を志願すべきであるのと同然である。このときに際して出陣を志願しない者は非国民と呼ばれる。そのように、この暗い世にあって、みずから天からの光に接しながら伝道を志願しない者は、にせ信者だと称されても弁解の言葉がないのである。

もちろん信者の伝道志願がことごとく神に採用されるとは限らない。あたかも国民の出征志願がことごとく皇帝に採用されることとならないのと同然である。

神が、もし善いとご覧になって、伝道以外の仕事に就かせられたのなら、やむを得ず神の聖旨《みこころ》に従うのである。

けれども信者の第一の志望は伝道であるべきである。信仰の剣《つるぎ》を取って福音の戦線に立とうとすることである。キリストが受けられた誹《そし》りを身に受けながら生命《いのち》の言葉を伝えようとすることである。神が禁じられない限りは、信者は誰でも争って伝道師であるべきである。この精神があってこそ国家は維持される。

伝道とは喜びを分かつこと

伝道をなさい。伝道をなさい。伝道とは、人の顔を見ればやたらに神とその恵みを説いて、人を「我が教会」に引き入れようとすることではない。

伝道は自我拡張ではない。そう思うために清士《せいし》〈清き人〉は伝道に携わらないのである。伝道は、自分は高くとまって、他の人を救済してあげようと思うことでもない。日本の天下を三分して、その一を取ろうと、あるキリスト教界の名士が言われたような、そんなことをキリストの僕《しもべ》はすることができない。伝道心を政治的野心の一つのように見ることはよくあることであるが、私たちはこのような野心を絶対的に抱いてはならない。

伝道は生命の喜びを他に分かつことである。自分が神の驚くべき恵みにあずかったのならば、これを人に分け与えて、喜びを共にしたいと欲することである。その喜びたるや、決して浅い喜びではない。深い、広い、宇宙に貫徹する喜びである。

神が、そのひとり子を世に遣《つか》わされたほどに、世の人を愛されているという音信《おとずれ》である。自分の罪が十字架の上に打ちつけられて、それが神の御目《おん》の前より取り除かれたということである。神様は今やキリストを通して人類をご覧になるのであり、神のほうから見れば、人類はもはや罪なき者、怒りの子ではなくて、恵みの子である。そして人は誰もがそのことを認め、信じて、神に対すれば、そのとき、人は救いに入り、救われる者が受けるべきすべての恵みを受けることができるのである。

そしてこのことは、決して想像で描かれたつくりごとではない。最も確実なる事実である。人生の最大事実である。人の生涯ですべての善きことは、このことを知って始まるのである。

罪とは、人が神に対して犯す叛逆の罪である。そして人生のすべての苦痛や困難はこの叛逆の結果として来るのである。この叛逆を癒《い》やされて、罪は根本において除かれるのであって、その結果として、すべての幸福が身と霊魂に臨むに至るのである。このように、人にキリストのことを分からせることほど、その人にとって幸いなことはないのである。

伝道とはこのことである。ただ道を伝えることではない。神の道《ことば》である、生けるキリストを紹介することである。有力な為政家または理財家〔経済家〕を紹介するようなものである。有力な友人、大いなる救い主を紹介することである。相手の人にとって、自分にとって、こんなに幸いなることはない。

そしてこのような貴い紹介をするにあたって、私たちは低い卑しい方法を取ってはならない。また取ることはできないはずである。真の伝道に従事するにあたって、私たちはパウロが取った方法を取るよりほかに道はない。

「我ら、憐憫《あわれみ》をこうむりてこの職（伝道の）を受けたれば、あえて臆せず、恥ずべき隠れたることを捨て、悪しき巧《たく》みをなさず、神の道を乱さず、真理をあらわして、神の前に自己をすべての人の良心に質《ただ》すなり」（コリント後書四章一―二節）と。

問題は真理、良心である。教会とか受洗〔洗礼を受けること〕とか勢力とかいう問題ではない。実に真面目で一生懸命な問題である。

どんな人でも本当の伝道師になれる

このように言うと、多くの人は「誰がこれに堪《た》えられるだろうか」と言う。もちろん神でなければなすことはできない事業であるが、堪えられるか堪えられないかは力量、学識あるいは徳行の問題ではない。自分が実際にその恵みを受けたかどうかの問題である。もし本当にキリストに現れたる神の恵みを受けたとすれば、どんな人でも本当の伝道師になることができる。

しかし、もしその恵みを受けた経験を持たないならば、神学や聖書知識がどれほど広くかつ深くても、本当の伝道師になることはできない。煎《せん》じつめると、「自分は果たしてクリスチャンであるのかどうか」に帰《き》するのである。

伝道心に燃えないのは、自分に生きた信仰がないことの最も確かな証拠である。キリストを知れば、キリストを人に紹介したくなるのは当然である。それをしないのは、キリストについて聞き、研究を積んだということでとどまり、直接キリストに接触しないからである。このことで自分に失望すべきではなく、今日直ちに実行すべきである。

キリストを信ずるのは決して難しいことではない。容易すぎるほど容易なことである。自分の罪を認め、神がキリストを用いて提供された救いを信ずることである。

このように伝道と信仰は同一のことである。内にあるものが外に現れること、それが伝道である。真の信仰のあるところに必ず伝道が行われる。

③ 伝道師となって世界を救え

神からどれほど愛されているのか

私たちが神の恩恵を受けたいと欲して、まず考えるべきは神はどのようにして私たちを愛されるのか、そのことを知ることである。

「それ神はそのひとり子を賜《たま》うほどに、世を愛したまえり」（ヨハネ伝三章一六節）とイエスは言われた。

旧《ふる》い訳には「世の人」とあるが、それは誤訳であり、「世」というのが本当である。世である。全世界である。全人類である。神は全人類を愛して、そのひとり子を賜わられたのである。全人類の救いのためにユダヤ人を選ばれたのである。全人類のために、この人、かの人を選ばれたのである。全人類のために私たち各人を選ばれたのである。

したがって私たちが神の恩恵を受けたいと欲すれば、神と愛を同じにして、私たちは神に倣《なら》って全人類を愛さねばならない。伝道の必要はここにある。恩恵が全世界に下るようにと祈り、そのために努力して、神の恩恵が私たちに下るのである。そのことをなさないで、神の恩恵がまず第一に私たちの上に降るようにと祈り、私たちの家庭、私たちの教会、私たちの国に降ることを祈ると、神の最大の恩恵は私たちに降らないのである。

世界伝道の精神

人類の単一性（Solidarity）は、聖書と科学の二つともが認めるところである。人類を離れて国家があることはなく、個人があることはない。したがって人類全体を善くしようとしなければ、私たち各自が善くなることができないのである。まことに迂遠《うえん》の道であるが、そうであるので、やむを得ない。

ここにおいて、中国人やアフリカ人のことは私のことである。私はアフリカの人たちについて、カインがアベルについて言ったように、「我知らず、我あに我が弟の守者《まもりて》ならんや」〈創世記四章九節〉と言うことができないのである。全世界の人が、まことに我が肉、我が骨である。そして私たちが全世界の人々と共に恩恵を受けたいと欲して、真の恩恵を受けることができるのである。

このことを考えると、私たちに神の恩恵が思うように降らないことがよく分かる。私たちが自分のために祈り求めることがあまりにも多くて、全世界のためにすることがあまりにも少ないからである。神は全世界を目的に、神のひとり子を遣わされたのに、私たちは常に「私に、私に、私に」と祈り求めているのである。隣邦の中国人のように、自分をおいて顧みないのである。アフリカ伝道に参加せよと勧めても、月か火星の伝道を勧められるように思うのである。しかし、そういう心の状態では、聖霊は我らの心に降らない。

キリストは使徒たちを遣わすにあたり、世界伝道を目的に遣わされた。「汝ら行きて、万国の人を弟子となし」との命令を下された。我らにも同じ命令が下るのである。そしてこの命令に従わないで、神の恩恵が我らに降らないのは不思議なことでも何でもない。

そもそも教会は何のためにあるのか。我ら各自に幸福を求めるためであるのか。神の光を世に輝かし、万民と共に幸福を受けるためではないのか。ゆえに盛んな教会とは、他の教会をしりぞけて、自分の教会を盛んにしようとする教会ではない。最も広く最も深く全世界のためになろうと願う教会である。

個人もまた同じである。自分に求めるところが少なくなればなるほど、その人は神に恵まれるのである。自分の勢力を拡張しようと欲することほど、自分を小さくする道はない。

キリストが世の罪を担《にな》って十字架に上られたように、我らもまた全人類の患難《なやみ》を自分の患難となし、自分が恵まれたいと願うその心で、隣人、隣邦および全人類のために祈りかつ尽くすべきである。これが自分と自分の教会とが神の恩恵を受ける唯一の道であると思う。

「我はギリシャ人《びと》にも未開の人にも、賢き者にも愚かなる者にも負債あり。これゆえに、我はローマにある汝らにも福音を宣《の》べ伝えんことをしきりに願うなり」

（ロマ書一章一四―一五節）

青年よ、伝道師となって人と国を救え

伝道とは神の道《ことば》を伝えることである。したがって、主《おも》に舌と筆を用いてなされる仕事である。一見すれば、きわめて容易で、皮相《うわべ》の仕事のようである。米を作り、衣を織るのに比べて、非生産的な仕事のように見える。

なるほど伝道は主に言葉の伝播《でんぱ》であることに違いない。しかし、言葉というのは必ずしも音声ばかりではない。言葉にもいろいろな種類がある。意味のある言葉がある。意味のない言葉がある。重い言葉がある。軽い言葉がある。飴のような言葉がある。剣のような言葉がある。同じ舌を使って語る言葉でも、貴いものもあれば、卑しいものもある。人を生かすものもあれば、殺すものもある。世に言葉ほど安価《やす》くて、言葉ほど高価《たか》いものはない。

伝道は言葉の仕事である。すなわち信仰（確信）を発表する言葉の仕事である。言葉とは「事の端《は》」であって、自分の内に大事実が存在しなければ、出てくるも

のではない。

「それ心に満つるより口に言わるるなり」〔ルカ伝六章四五節〕と聖書に書かれている。我らは心から溢れて語るのである。言葉は信仰から溢れ出るものである。

フランス革命者の一人であるモンテーン（注36）という人は言った。「言葉は物である」と。伝道師は言葉を売る者であるから、世に供するにただ空《くう》をもってするものであると思うのは大まちがいである。伝道師の言葉は空ではない。物である。実物である。彼は決して社会の無用物ではない。

実に、世に言葉ほど貴いものはない。「シェークスピアの劇曲はインド帝国よりも貴い」とは、世によく知れわたったカーライルの言である（注37）。イタリアが第一に所有するダンテの『神曲』もやはり言葉である。ロシア皇帝が所有して、Codex Sinaiticus〔シナイ写本〕と称される、何千万もの富を積んでも入手できない聖書の写本も、やはり言葉である。もしドイツにルターの言葉がなかったならば、たとえ一〇〇のビスマルク、一〇〇〇のモルトケ（注38）がいたとしても、今日のドイツはなかったに相違ない。マンチェスターの製造やオーストラリアの牧畜業のみが今日のイギリスをつくったのではない。ウェスリー、ホイットフィールド（注39）の説教の言葉は、イギリスにとってはヨークの鉄山、ランカスターの炭鉱にまさる富源《ふげん》である。

国に真正の言葉がないために、滅びた例はたくさんある。国家の不幸でも、実は言葉の飢饉《ききん》のようなものはない。（注40）

ゆえにパウロは「ことに慕うべきは預言することとなり」（コリント前書一四章一節）と言っている。神の言葉を語ること（預言）ほど世に貴い仕事はない。人も国家も実はこれによって起《た》つのであって、金や銀や剣や軍艦で建つのではない。風よりも軽い言葉の中に生命与奪の権がこもっている。

伝道師となれ。青年よ、伝道師となって人と国とを救えよ。

（注36）16世紀フランスの思想家モンテーニュのことか。

（注37）トマス・カーライル著『英雄崇拝論（On Heroes and Hero-worship）』。

（注38）ヘルムート・K・B・フォン・モルトケ。1800〜1891年。プロイセンおよびドイツの軍人。軍事学者。近代ドイツ陸軍の父。大モルトケ。

（注39）ジョージ・ホイットフィールド。1714〜1770年。イギリスの牧師。メソジスト派の創始者。

（注40）「見よ、その日が来ればと　主《しゅ》なる神は言われる。私は大地に飢えを送る。それはパンに飢えることでもなく　水に渇くことでもなく　主の言葉を聞くことのできぬ飢えと渇きだ」（『聖書　新共同訳』〈日本聖書協会〉）とある。

特別収録

1. クラーク先生の思い出

徳育教育にふさわしい場を求めて

札幌農学校〔現北海道大学〕の前身は開拓使仮学校《かいたくしかりがっこう》と呼ばれ、東京の芝〔東京都港区芝公園増上寺内〕にあったが、いろいろな関係から札幌に移さなければならなくなった。そして、当時長官だった黒田清隆《きよたか》伯爵（注1）がついに東京から札幌へ移された。

その理由というのはさまざまであったが、主《おも》なものは、北海道の開拓を東京で教えるのは不都合であるということであった。しかし、黒田伯を最も悩ませた問題はほかにあったのである。それは、青年の教育を目的とする人であるならば、誰にでも起きるところの徳育問題であった。もっともこの問題を起こさせたのは、東京では品行方正と言えない人がずいぶん多かったということも原因している。そこで、学校を札幌に移すとともに、学生に十分な道徳を教えたいというのが、長官の主な目的だったのである。

それで、このことを含めて、黒田伯は当時のアメリカ公使であった吉田という人（注2）に、「徳育教育のできる教頭と教師を招きたいので、周旋《しゅうせん》してくれないか」と頼まれたのである。

（注1）1840～1900年。幕末の薩摩藩士、陸軍軍人、政治家。第2代内閣総理大臣。
（注2）吉田清成《きよなり》。1845～1891年。幕末の薩摩藩士、明治期の外交官僚。

聖書五〇冊を携えて来られたクラーク先生

吉田氏がいろいろと調査した結果、アマースト大学出身でマサチューセッツ州の農学校の教頭（注3）だったウィリアム・S・クラーク先生（注4）を迎えることになった。

その頃、クラーク先生はアメリカで名誉の絶頂に達しておられたので、「一年も貸すことはできない」ということだったが、先生は「すべてを犠牲にしても日本に建つ農学校のために尽くしてみたい」と言うので、一年だけ来てもらうことになった。

先生はペンハロー、ホイラー（注5）という自分の学校の卒業生を連れて来朝された。その当時の船は昔の外輪船で、サンフランシスコから横浜まで三〇日もかけて来朝されたのである。

横浜に上陸されると、さっそくアメリカ人が経営している聖書会社へ行き、「英語の聖書を五〇冊売ってくれ」とおっしゃった。会社のほうは不思議に思い、「なぜ五〇冊必要なのか」とたずねたところ、先生は「なに、札幌に行って農学校を建てて、学生を教えるのだが、聖書も教えようと思う」と言われた。

明治九年と言えば、キリスト教の禁制がとれて間もないときだったので、その聖書を官立学校で教えようと言われるのを聞いて、みんなは大いに驚いた。その会社の社長が「とてもダメです」と言っても、先生は「なに、よろしい。僕に売ってくれ。売ってくれと頼むんだから、売ってくれても、何も差し支えあるまい」と、とうとう五〇冊買って、旅行カバンの中にしまわれたのである。

それから東京に来て、ようやく札幌に向かわれたのである。その時分の交通は、品川から小樽までたった一隻の船しかなかった。玄武丸《げんぶまる》と言って七〇〇トンばかりの船であった。後《のち》に黒田丸とも言った。あまりにもよく揺れるのでゴロタ丸とも言った。

この船があまりに揺れるので、私たちも重い病にかかったこともあった。この船に、黒田長官をはじめ、クラーク先生、学生たちも乗り込んだ。クラーク先生のカバンの中に五〇冊のバイブル〔聖書〕が入っていることは、黒田長官も誰も知らなかった。

（注3）マサチューセッツ州立農科大学（現マサチューセッツ大学アマースト校）の学長と思われる。
（注4）1826〜1886年。アメリカの教育者。
（注5）デイヴィッド・P・ペンハロー（1854〜1910年）、ウィリアム・ホイーラー（1851〜1932年）。ともにクラークの教え子。

教育方針をめぐって

船が金華山《きんかざん》沖〔宮城県〕ぐらいまで来た頃だろうか。新しく建てる学校の教育方針に話がだんだん進んできた。農学校を建てること、農学教育を授けることなどは決まってしまった。次に、最後の問題が来た。長官は「クラーク先生に特別に頼みたいことは、この学校の生徒の徳育問題であります。くれぐれもこれは十分にお願いしたいところですが、先生はどういう方針で教育されますか」と問うた。クラーク先生は〔後《のち》に〕アマーストでこのいきさつを私に話された（注6）。

先生は南北戦争で戦功があったので、大佐であった。ドクトル・クラークともプレジデント・クラークとも言われずに、大佐クラークと呼ばれていたほどだった。黒田長官も榎本武揚《えのもとたけあき》（注7）を函館で破った薩摩武士である。武士と武士との話し合いであるから、話は至って簡単なものだった。

クラーク先生は「それは何でもありません。私にはただ一つの道があります。私は、託された学生にキリスト教を教えます」と言われた。

黒田長官は驚いた。

「ヤソを教える、それはいかん。ヤソは我が国では長い間禁じられた宗教である。我が国には我が国の宗教がある。ヤソはごめんこうむりたい」

「そうですか。私の道徳はヤソ教であります。それで悪ければ、私は道徳教育をいたしません。博物も教えます。農学も教えます。何でも忠実に教えます。しかし徳育はいたしません」

話はそれだけである。軍人と軍人であるので、話はすぐに済んだ。しばらくするとまた始まる。

「先生、どうですか。考え直してもらえませんか」

「私の道徳はキリスト教であります」

それでおしまい。そして何度、話が出ても同じことだった。二人とも意志の強い人であったので、ついにそのままで船は小樽に着いた。

明日は開校式がノース・カレッジ〔北寮〕で開かれるという日になった。すべての問題は決まっていたが、ただ一つ決まらないのはこの徳育教育だった。これが決まらなくては開校式はできない。開校式前夜に黒田長官が使いをやって、クラーク先生を呼び、またその話が始まった。

「先生、あなた変えないか」

「変えません、私の道徳はキリスト教です」

どうしても変えないと言うので、黒田長官は仕方なく折れた。

「ではよろしい。教えなさい。しかし、ごく内緒で教えてください」

これを聞いて、クラーク先生は非常に喜ばれた。

（注6）内村は1884（明治17）年に渡米し、翌85年、アマースト農科大学に選科生として入学。
（注7）1836～1908年。幕末の幕臣、明治期の外交官、政治家。

独創的だった、クラーク先生の聖書解釈

私はその当時いなかったのだが、第一期の生徒で佐藤博士（注8）や内田君（注9）などがおられた。英語の分からない日本人の前で、クラーク先生はうれしさのあまり、ノース・カレッジが割れるような声で平素にも似合わない雄弁を英語で振るわれたそうだ。クラーク先生はアメリカでは決して雄弁家ではなかったという。

その後《あと》、先生は学生を家に呼んで、カバンから五〇冊のバイブルを出して分け与えられた。私もその一冊を持っていたが、紛失したのか、見当たらず残念である。しかし、独立教会〔札幌独立キリスト教会〕にはこの中の一冊がある。これは歴史的に貴い聖書である。初年生はみなこれで学んだ。

私の友人の大島正健《おおしままさたけ》君（注10）から聞いた話だが、クラーク先生のバイブル解釈は独創的だったそうだ。もとより先生はその方面の専門の学者ではなかったのだが、そ

の平民的なお考えは独創的なものだったそうである。あの有名な、この農学校の信仰個条《かじょう》（注11）は、その当時書かれたのである。今それが独立教会に保存されている。

先生は札幌に八カ月おられて、アメリカに帰られた。帰られる前に、一種の教会のようなものを建てられ、自分でバイブルを教え、函館から宣教師を招いて洗礼も受けさせた。二期生である私たちの組もバイブルを一冊ずつもらった。これが、キリスト教が札幌に伝わった実歴である。

（注8）佐藤昌介《しょうすけ》。1856〜1939年。農学博士。北海道帝国大学初代総長。
（注9）内田瀞《きよし》。1858〜1933年。農学士、農場経営者。
（注10）1859〜1938年。宗教家、教育者、言語学者。
（注11）信仰箇条。信仰告白、中心的教義などが箇条書きにされたもの。

クラーク先生にとってのキリスト教との出合い

さて、クラーク先生がキリスト教に入った原因はどのようなものであったのか。私が留学したアマースト大学の総長であったJ・H・シーリー先生（注12）は、一八四九年に一八歳で初年生、ウィリアム・S・クラーク先生は一九歳で二年生だった。このとき、アマースト大学でキリスト教のリバイバル（注13）が起こり、多くの青年が潔《きよ》められ、決心をしてキリスト教に入った。

　このリバイバルを一時の感情の発作のように思われる方もいるかもしれないが、これはキリスト教国にはよくある例である。また青年時代にはしばしば来ることである。これが始まると道徳的運動が始まる。自身の身に罪を感じ、ある青年は寝食さえ忘れ、ただなんとなく天に対し、人に対し、言うに言われない重荷を感じるのである。この時期を経過して初めて新生涯に入ることができるのである。

　学生時代に外国におけるこの運動を見ると、不思議に思われる。なんだか分からない人もいるかもしれないが、尊い心の革命が来ることである。私も札幌において少し経験があったので、多少評価《アップリシエート》することができた。

「明治一一（1878）年頃に起こったあの運動が、今日、札幌の学校にあるか」と友人に聞くと、「まったくない」ということだった。これは残念なことである。名は何とでもよろしい。ぜひあってほしいものである。

今の一般の人が言うように、青年各自が品行方正であるとか、「俯仰《ふぎょう》天地に恥《は》じず」（注14）とかいうような考えでなく、天を懼《おそ》れ神を懼れて、どこか言うに言われぬ苦痛を感ずることがなくてはならないのである。

世界中に名を広めたシーリー先生も、長官に抵抗して札幌にキリスト教を伝えた偉人クラーク先生も、そのときはボールを持って遊んだ無邪気な青年であった。それが断然決心して、身を神に捧げる時代があったのだ。これは尊きときである。その時代に永遠《かぎりなき》の生命《いのち》が宿ったのである。

シーリー先生もクラーク先生も、卒業後ドイツに行かれた。シーリー先生は哲学であったが、クラーク先生は鉱物学を専攻された。クラーク先生がドクトル・オブ・フィロソフィを得られたのは、文学でもなければ哲学でもない。その論文を私も見たが、それは「メテオリック・ストーンス」という論文であり、隕石《いんせき》の詳しい研究だった。ドイツから帰国されて、しばらくアマースト大学で研究を続けられ、鉱物学の教授をしておられた。

その後、南北戦争の折に手柄を立てられ、戦いが終わってから、マサチューセッツ州の農学校で、専門の鉱物学から植物学に転じられた。そこで人々の口にのぼるほどの有益な実験を発表された。もちろん、今から見ればそうたいしたものではないかもしれないが、その当時はなかなか価値のあるもので、欧米諸国で評判になった。

（注12）ジュリアス・ホーリー・シーリー。1824〜1895年。アメリカの宣教師、作家。アマースト大学第5代学長。内村と新島襄の恩師。

（注13）キリスト教の信仰復興（運動）。

（注14）自分の心や行動に少しでもやましい点がないこと（孟子《もうし》）。

「アンビシァス」は「進め！」

ただ一つ注意すべきは、クラーク先生は一九歳以来アマースト大学で心の変動があってから後は、宗教的なことはどこにも表されなかったことである。単に学者として見られていたこの人が、日本に来て、とうとう黒田長官を説き伏せて、キリスト教を伝えたと聞いたときに、クラーク先生の同僚はほとんど信じなかったほどであった。アメリカの伝道会社の人などが「ウィリアム・S・クラークが札幌に行ってバイブルを教えたのは大出来である」と言ったくらいである。日本に来るまでの間は、善きキリスト信徒としてのほかは何ら伝道的な人としては認められていなかったのである。

札幌に来て八カ月おられ、我々に宗教を教えて帰られたのであるが、その帰られる道筋が、今の島松《しままつ》、千歳《ちとせ》、苫小牧《とまこまい》、登別《のぼりべつ》、輪西《わにし》、室蘭《むろらん》という順序だった。今のようにその当時、汽車はなかったので、馬で島松まで行かれた。

見送っていった生徒とそこで別れるときに、みなと握手をして馬にまたがり、馬腹《ばふく》に一鞭《いちべん》を当てて姿は消えたが、そのときの最後の言葉が、「ボーイズ、ビー、アンビシァス」（青年よ、野心を持て）という言葉であった。野心というと悪い言葉のように聞こえるが、クラーク先生的な「進め」という言葉である。

アンビシァスと言われただけあって、帰国後も大いなる計画をされた。私がアマーストに行って知ったことであるが、小さいアマーストの町に遠方から水道を引いたり、世界の耳目を驚かすようなことをしようと心掛けておられた。

たとえば、その頃、フローティング・ユニヴァシティ〔洋上大学〕をつくろうとされていた。つまり大きな船をつくって、大学の設備をすべて船中に入れ、教授をはじめ学生が乗って、船の中で講義を行い、実験も行い、世界を巡遊しつつ三年で卒業する計画だった。これには金が必要なので、鉱山を買ってやろうとされたのが失敗のもとで、ついには破産された。私がアマーストに行ったのは、その破産された翌年であったが、実に同情すべき状態におられた。

クラーク先生の死

ある日のこと、食堂で新聞を見ていると、「ウィリアム・S・クラーク、ダイド」という広告を見て、非常に驚いた。すでに葬式は済んだ後であるので、非常に遺憾《いかん》に思った。もし誰かが知らせてくれたら、私はもとより一貧生にすぎないけれども、札幌農学校を代表して行きたかったので、残念に思った。先生は失意の境遇におられた。旧友にまでも誤解され、葬儀も公にせずして、ひそかに葬られたくらいだった。

私は後で、アマーストの組合教会の牧師のディッケンソンという人に会い、クラーク先生の臨終の模様を聞いた。ディッケンソン氏はクラーク先生の死の床の傍《かたわ》らで、最後の息を引き取られるときまでおられたが、クラーク先生はそのとき、細い声で、「私は長い生涯にいろいろなことをすることができた。戦争にも功を樹《た》てた。学術上に貢献もした。しかし今、終わりを告げるときに希望に満ちていることは、日本にいた八カ月の間に学生たちにバイブルを教えたことである。この一事が今の自分の大いなる慰めである」と言われたそうである。

その話を聞いたとき、私は自分の父が死んだような感じがした。内田瀞《きよし》君に、ディッケンソン氏の言葉のままを英語で書き送ったように思う。こうしてクラーク先生はこの世から去られたのである。

クラーク先生の偉業

北海道のために尽くしてくれた人々はたくさんいる。しかし、「クラーク氏の北海道に尽くした事業は札幌農学校を建てたのみである」と言われるならば間違いである。もしクラーク先生の霊がいて、ここにおられたならば、「ノー、ノー」と叫ばれるに違いない。

「私のしたことはたくさんある。八カ月間、学生たちにバイブルを教えたことが私の事業である。これが私の事業中の最大なるものである」と言われるに違いないのである。

札幌の人は、バイブルを教えたということが大切なことだとは言うまい。クラーク先生の考えと札幌区民の考えとは一致していないのである。

精神の事業は一〇〇年、一〇〇〇年後に分かるもの

人が私によく問う。「おまえは三〇年間働いて、どんな勢力があるか。その中からどんな偉人が出たか」と。なるほど偉人は出ていない。たまに村長ぐらいが出ると喜ぶくらいである。このような問題は三〇年や五〇年では定まらない。

今の人々は、会堂がどうであるとか、信者が何人いるとか言うが、これは宗教とは何であるのかを知らないからである。紫檀《したん》、黒檀のような堅い木は長い年月を要して成長する。宗教の事業、精神の事業は一〇〇年、一〇〇〇年の後に分かるものである。クラーク先生の八カ月の事業は実にクラーク先生の預言的事業であった。我々、神を信じ永生《かぎりなきいのち》を信ずる人はそう信ずる。時が来れば必ず芽を出すことを我々は信ずるのである。

道徳・宗教の問題こそ、日本の死活を司る

三〇年後の今日、クラーク先生の預言は当たっている。

札幌の最大問題は何か。日本の最大問題は何か。今日の日本の最大問題は軍備ではない。殖産工業でもない。文学・哲学の問題でもない。今や日本の死活を司る問題は道徳・宗教の問題に立ち入っているのである。

どうしたら人心に平和を与え、家庭を潔めることができるか。しかし、人心を根底から建築することについては、大政府の文部大臣はじめ教育者も、これならばできると確信を与え得るものはない。動物学、植物学ならば、こうして教えると言えるが、しかし徳育問題となると、確答を与え得る人は一人もいないのである。今にどうにかなるだろうと言って放置しているのである。

これは実に大問題である。昔、意地の悪い教師が難しい問題を出したことを覚えている。いくら考えてもできない問題だった。神が今我らに出した問題はちょうどこれである。どうすれば人心に平和を与え得るか、道徳を教え得るか。文部大臣もこれに答えることはできない。文部大臣をここに連れてきて、「あなたの徳育方針は何であり

ますか」と聞いたならば、「それはしばらく御免をこうむりたい」と言うに違いない。『エデュケーション・イン・ジャパン（日本の教育）』（注15）という本がある。この本はおそらくは日本に一冊しかないかもしれない。外国にも今はおそらくないだろう。普通ならば桐の箱にでも入れておいてもらいたいものである。この本の内容を集めた人は、当時、アメリカにおられ、後《のち》に文部大臣になられた森有礼《ありのり》氏（注16）である。

氏は日本がかつて持った最良の文相であったと言われている。日本の教育を心配して、アメリカにいるとき、多くの友人に手紙を出して、「日本の教育についてご意見があるならば、どうぞ忌憚《きたん》なく述べていただきたい」と言って、回答を求められ、それを集めたのがこの本である。

なかには哲学者のマシュー氏（注17）、ニューヨークの市民教育に貢献したクーパー氏（注18）らも書いている。一八七二年のものである。しかるに奇遇とも言うべきは、クラーク先生の上に立っておられたアマースト大学の教授のスターンズ氏（注19）が書き送られたものもある。この人は二〇年間、アマースト大学の教頭をして、札幌農学校にも非常に尽くされた方である。

（注15）1873年にアメリカの有識者13人の書簡をまとめて英文で刊行。
（注16）1847〜1889年。幕末の薩摩藩士、明治期の外交官、政治家。初代文部大臣。
（注17）ジェームズ・マコッシュ。1811〜1894年。アメリカの哲学者。
（注18）ピーター・クーパー。1791〜1883年。アメリカの実業家、発明家、慈善家、政治家。
（注19）ウィリアム・A・スターンズ。1805〜1876年。アメリカの改革派牧師、教師、アマースト大学第4代学長。

「私は日本人のために常に祈っている」

森氏の、知育、徳育、体育の問題に関し、どう日本人を導くべきかの点に関して、この老人のスターンズ氏が答えられるには、「あなたの手紙は受け取った。私は何も包まずに言う。述べたいことはたくさんあるが、日本の教育を完全にするには新約聖書を教えなさい。そのほかに善い方法はないと思う。知識も何もすべて第二である」と。最後に詫《わ》びて「こう率直に申し上げることを許してください。しかし、これが私の生涯の研究の結果で、私の確信であります」と言われ、さらに付け加えて、「私は今、白状します。私は日本人を特別に愛する者であります。日本人のためには常に祈っております。キリストは万民のために死にました。今、私は我が老軀《ろうく》を日本のために捧げることができないならば、神の前に恥とします」と言っておられる。

同じアマースト大学を出られたクラーク先生も同じ考えを抱いておられたことは、すでに述べたとおりである。またシーリー先生も同じくその書に同じ意見を出しておられる。三人が三人とも同一意見であるのを聞いたときに、森氏は大いに驚かれたのである。

さてこのグレート・ライチアスネス（大正）の時代に、三人はすでに故人となってしまわれたが、今ここに三人の精神があって、日本人のために尽くさなければ神の前に恥とすると言われたスターンズ氏が中央に立ち、両方にクラーク先生、シーリー先生が立って、今、三人の通弁〔通訳〕を私がしているとすると、私は「グレート・ライチアスネスを布《し》くには新約聖書でなければならない」と言う。

しかし、日本の現今はそれほどまでに進んではいない。今ではベルクソン（注20）とかオイケン（注21）ぐらいのところでまごついているが、しかし私はいやでも応でも最後はそこに行くのだろうと思う。ちょうど将棋詰めのようなものである。「角《かく》」が逃げようとすれば「桂馬《けいま》」で止められる。また逃げようとすると、頭を「歩《ふ》」で張られる。そしてついに追い詰められて負けるのではなかろうかと思う。ついには黒田氏がクラーク氏に言ったように「内証で」というようになるのであろうと思う。

（注20）アンリ・ベルクソン。1859〜1941年。フランスの哲学者。
（注21）ルドルフ・オイケン。1846〜1926年。ドイツの哲学者。

必要なことは、心の大革新

必要なのは人間の改良である。これは私一個人の意見として述べたくないのである。私は今多くの学生を預っている。何が一番根本的に学生を改めるかというと、新約聖書ほど完全なものはないのである。道徳問題というのは、単にこれまで悪いことをしてきたからこれから改めるというようなものではない。さらに進んで善に導くのである。

今日の最大問題は「どのようにして我々の学問を適当に使用することができるか。

何のために学問をするのであるか。何のために我々を犠牲に供するか」という問題である。今日は、自分の専門を決めるにも、「医者になろう。収入がたくさん取れるから」というような収入問題でなく、真理のために専門を選ばねばならない。農学であるならば、農学は神と人とを知って生命の価値を知るために必要であると考えるようにならなければならないのである。

このような事柄は今日の品行方正というぐらいの道徳でできることではない。これには、ぜひともコンバーションすなわち心の大革新が必要である。論語とか孟子《もうし》等ではできることではない。倫理学も論理学も哲学も、これをなす力はない。これには心を打ち砕く力が必要である。ダイナミック・パワーが必要である。これはすなわち新約聖書である。

聖書は英米の法律の基礎

アメリカのニューヨークにルーファス・チュートという人がいた。アメリカ第一流の法律家である。この人が罪人を弁護した記事を読むと、ちょうど小説でも読んでいるかのようだということである。ある日、友人が彼の法律事務所を訪問してみると、そのとき、チュート氏の机上にギリシャ文の新約聖書が一冊あったばかりで、ほかには何もなかったという。

不思議に思って、「あなたはアメリカ第一流の法律家であると言われるのに、机上に新約聖書が一冊あるばかりでよいのですか」と問うと、チュート氏は、「あなた方は知らないか。これが英米の法律の基礎となっているのである。これには国家を根本的に救うダイナミック・パワーが入っているのである」と言われたそうだ。これ〔新約聖書〕を握るならば、ルターも出る。ウェスリーも出る。ピューリタンも出るのだ。

これは私のみの信仰ではない。ウィリアム・S・クラーク先生が札幌で述べられたことである。クラーク先生が私の後ろに立って言わせる。

My boy! Speak to them about Jesus, my boy! My boy! Be ambitious!

（我が子よ、我が子よ、イエスについて語れ。我が子よ、我が子よ、野心を持て！）

と。この話は、私がウィリアム・S・クラーク先生の通弁をしていると思って聞いていただきたいのである。

2. 政治家を志した友人への追悼メッセージ
――故横井時雄君のために弁ずる

学者か、宗教家か、政治家か

横井君（注22）の永眠直後のこと、私は大阪のある新聞で、君の生涯について、次のような意味の批評を読んだ。

「横井氏は学者として失敗し、宗教家として失敗し、また政治家としても失敗した。氏は何事にも貫徹することなくその一生を終わった」

これは横井君について多くの人が下す判断である。そして外部に現れた君の生涯を顧みて、一面の真理を語るものであると見てさしつかえない。しかしながら、この失敗には理由がある。私たち友人にとっては、君のこの失敗こそ、まことに君の為人《ひととなり》を語るのである。

横井君はなろうと思えば、学者、宗教家、政治家のいずれにもなり得たのである。君は才能において明治時代の日本人の誰にも劣らなかった。しかしながら君は学者、宗教家、政治家のいずれにもなり得なかったのである。君の性質がそうさせたのである。君は第一に、生まれつき正直であった。第二に、強き愛国心が遺伝性として君にあった。第三に、君は早くキリストを知り、熱心なクリスチャンになった。正直と愛国と信仰、この三つが君の特性だった。そしてこの三つが同時にそろって君の心に宿ったために、君は三者のいずれにもなることができなかったのである。

横井君が学者になることができなかったのは、君のキリスト教の信仰による。もし君がキャプテン・ジェンス氏（注23）よりキリスト教を受けなかったならば、君はすぐに熊本を去り、上京して開成学校（注24）に入り、明治の一四年か一五年に法学士または文学士となり、海外に留学し、博士となって、大学教授の椅子に君の身を落ちつけたであろう。

しかしながら、君は当時新たにキリストの御顔に現れた神の栄光を認め、その光を同胞に分かつためには何ものをも捨てることを辞せずという情熱に燃えた。そしてその情熱に駆《か》られて、東京にとどまらずに京都に行った。開成学校を終わらずに同志社英学校〔現同志社大学神学部〕に入った。そして卒業して一人の若き牧師となった。学界にとってまことに惜しむべきことであった。横井君はキリストのために、また日本のために、学者になる野心を放棄したのである。まことに尊い放棄である。こんな放棄をする者は日本青年中にめったにいない。今日の青年の中に、大学に入れる資格を備えた者で、大学に入らずに伝道師となろうと欲する者はどこにいるか。

かくして横井君が学者になりそこなったのは、君にとって決して恥でない。いや、大いなる名誉である。君は福音と国のために学者になりそこなったのである。

(注22) 横井時雄。1857~1927年。牧師、教育者、ジャーナリスト、政治家、同志社第3代社長(総長)。熊本藩士・儒学者の横井小楠《しょうなん》の長男。

(注23) 1838~1909年。アメリカの軍人。熊本洋学校を設立、聖書研究会で横井時雄らを教える。

(注24) 明治初期の官立学校。後《のち》に東京医学校と統合されて東京大学になる。

愛国心ゆえの苦しみ

その横井君がどうして宗教家になることができなかったか、これは一見して理解しがたいように見える。しかしながら、横井君を知る者はその理由を知ることに苦しまない。君の信仰が君を学者にさせなかったように、君の愛国心が君を宗教に終始一貫させなかったのである。

君は伝道に多大な功績を挙げた。君の今治《いまばり》伝道（注25）は、明治年間の我が国における地方伝道の中で錚々《そうそう》たるものであった。そして同一の伝道を中央でも試みようと欲して、君は高壇に文壇に多大の功績を挙げた。

もし横井君が普通の伝道師であったならば、君はこれを継続して終わったに相違ない。ところが君には、ほかにアンビション〔大望〕があったのである。ホーリー・アンビション〔聖なる大望〕があったのである。君は日本を救おうとしたかったのである。しかも早く、君の一生の間に救おうと欲したのである。そして伝道に従事すること二〇年、功績に見るべきものはあったとしても、君の理想からははるかに遠く離れていて、君はじれったくなった。私が君の口から聞いた最も悲しい言葉は次の言葉である。ある日、君は、私たちにこう言われた。

君！　伝道ではとてもだめだよ。ぼくは……

「ぼくは伝道をやめて政治を試みるよ」とのことであった。ああ、横井君、あのときを思うと、ぼくは今なお涙がこぼれる。あのときは君のライフのクライシス〔生命の危機〕であった。ああ、あのとき、僕たち友人はなぜ君を引き止めることができなかったであろうか。しかし僕たちにもドローバック（ひけめ）があった。僕たちも伝道の効果を疑い出していた。信者は内で相争い、共同一致の見込みがなく、キリスト教界のこの憐れむべき状態で日本を伝道で救うことができようとは、僕たち自身も信じることができなくなった。

もし私に横井君にあった才能と家柄と引きがあったならば、私も君と共に政界に入ったであろう。しかし、今から思えば、君にとっては不幸、私にとっては幸福なことで、私には君のような門閥《もんばつ》もなく、伊藤公〔伊藤博文〕とか西園寺《さいおんじ》公〔西園寺公望《きんもち》〕というようなこの世の権力者の引きも知遇もなかった。ゆえに横井君は直ちに代議士となり、勅任参事者となることができたが、私には、だめとは思いながらも旧《ふる》き古き福音を宣《の》べ伝えるよりほかに道がなかった。

（注25） 横井時雄は、１８７９（明治12）年に今治キリスト教会（愛媛県）の初代牧師として赴任。約７年間、伝道活動を行った。

「日本のために」という志は同じ

このときに私たちは横井君と離れたが、しかしながら、唯一のことにおいては深い一致があった。それは「日本のために」ということであった。

横井君も私たちも、明治の初年においてキリスト教を信じたのは、自分の霊魂が救われんがためよりも、むしろ日本を精神的に救わんがためであった。「イエスと日本、二つのＪ、そのいずれが尊いか」と聞かれたならば、どちらがどちらとも答え得なかったのである。こういう次第なので、「キリスト教の宣伝は、結局、日本を救うことができない」という考えに達すれば、これをやめて他の方法を試みたのは少しも不思議ではない。

国のために伝道に努力した横井君が、ついに国のために伝道をやめて政治に入ったのは、君の立場としては少しも矛盾ではない。君は充分に良心の承諾を得てこの道を取ったのである。ゆえに私たち友人は君を引き止めることはできなかった。信仰が君を同志社に追いやったように、愛国心が君を政界に追いやったのだ。そして後の結果によって、私たちは愛国心が君をわざわいしたことを思って悲しんだのである。

横井君は愛国心に追いやられて政界に入った。そしてそこでも君の成功を妨げるものが君の心の内にあった。それは君の正直であった。ことにキリスト教の信仰によって鋭くされた正直さだ。

日本の政界は泥海《どろうみ》だ。その中に君のような清士《せいし》が入ったのだ。清水に魚住まずと言うが、泥水に、鮎《あゆ》やヤマベのような清水を愛する魚は住まない。横井君が日本の政界に入ったのは、多摩川の鮎があやまって東京市内のどぶ泥に落ちたのと同じである。鮎は死なざるを得ない。

正直な横井君は瀕死《ひんし》の状態に陥った。悲しみの極みである。しかし横井君は泥海にあっても清士のようにふるまった。君は何ごとも包み隠さなかった。他人の罪を自分が担《にな》った。「横井時雄君の入獄」とは明治歴史の悲劇《ツラゼディ》である（注26）。しかし君でなくては演ずることのできない悲劇であったと思う。

私は、天上の裁判で、地上の裁判が君に言い渡した罪の大部分は取り消されるだろうと思う。政治によって日本を救おうとして、政治は君を精神的に殺した。憎むべきは今日の日本の政治ではないか。

（注26）横井時雄は日本精糖汚職事件に連座したかどで、1909（明治42）年に重禁錮5カ月の刑に服した。

信仰と愛国と正直の人

このようにして横井君の生涯の失敗は説明することができると思う。横井君は信仰＋《プラス》愛国＋正直のコンビネーション（加合）であった。そしてそのおのおのに妨げられて、君はいずれにも徹底し得なかった。そして君の失敗はまぬがれることのできない失敗であったと思う。人の過失《あやまち》を見てその仁《じん》を知ると言うが、私たちは横井君の過失を見て横井君を知るのである。横井君が同時に信仰家で愛国者で正直の人であったために、この過失に陥ったのであると思う。

政界を退いて君の公的生涯は終わった。見ようによっては、これで君の生涯そのものが終わったと言うことができよう。しかし、神は、君自身にとっては、その残りの生涯が最も大切な生涯であったことをご存じである。

君の長所であって、また短所であったことは、君があまりに国家社会を思って自身を思わなかったことである。君の信仰までが国家的だった。私はその点についてしばしば君と議論を闘わせた。私は霊魂の救いの大切さを唱えたが、横井君は国家人類の救いの大切さを説かれた。

舞子《まいこ》の浜〔兵庫県神戸市〕で開かれた青年会の夏期学校において、横井君が現世的キリスト教を主張された後を受けて、私は同じ高壇に立って来世的キリスト教を主張した。至って仲は良かったが、宗教論を闘わすたびごとに議論はとうとう物別れになった。

要するに、君は外に広がろうと欲し、私は内に深かまろうと欲したのである。そして世の中が君の失敗と見なすものは、君のこの傾向によるものだったと思う。快闊《かいかつ》でオプチミスチック（楽天的）な君は、陰欝《いんうつ》な私のピューリタン的信仰にとうてい堪《た》えなかったのである。

しかし一得一失《いっとくいっしつ》である。君もまた内省的信仰を要した。日本を救うべきであったが、君自身の霊魂をも救うべきであった。そして君の終わりの二〇余年の生涯が、君にとって、そのための生涯であったと思う。君はこの間に神の栄光を君自身の内に拝した。現世は頼むに足りず、来世に真の安息を得られた。

キリストは君の霊魂の救い主として新たに君の前に現れたもう。君はその生涯の終わりにおいて、青年時代に見出だした神の子イエス・キリストを心に迎えて、今やこの世の知識も政治も宗教も、君の清き心を誘うことなく、英語で

Nearer my God to Thee
Nearer to Thee

〔主よ御許《みもと》に近づかん〕〔「讃美歌」第三二〇番〕
と歌いながら静かに眠ってくれたと信じる。
宗教は劇薬のように利《き》くものではない。水か空気のように、その効果が著しいにもかかわらず、効果が現れるまでに長い年月の連続的な使用を要する。もちろん新宗教輸入の当時にあたって、効果に関して過大な希望を抱くのはやむを得ないが、冷静に世界の宗教歴史を調べてみて、私たちは宗教に対して、日光に対して抱くような期待を持たねばならないことが分かる。

ここにおいて横井君がキリスト教の伝道を試みること僅々《きんきん》二〇年にして……私は「僅々」と言ってはばからない……伝道ではだめだと見限られたのは、君の貴公子然たる短気を現して愛すべきことではあるが、短気にはやったそしりを免れることはできない。君は特に歴史を愛されたが、この点については君の研究が足りなかったのではないかと思う。

伝道は人と神との共同事業

伝道は単に人の仕事でない。伝道は人と神との共同事業である。「神と共に働くところの我ら」（コリント後書六章一節）とパウロが言ったのはこのことである。伝道師がすべてをなすのではない。伝道師が一部をなし、残りの大部分を神がなしたまうのだ。「我は植え、アポロは水注ぐ。そだつる者はただ神なり」（コリント前書三章六節）と、パウロが言ったとおりである。伝道師は種を播《ま》いて、水を注ぎ、あとは神にお任せすればよいのである。そうすれば、神は適当なときに適当な方法で生育《そだて》、果《み》を結ばれる。神は内より聖霊によって生長を促され、外より種々の出来事で発達を助けられる。戦争も地震も財界の恐慌も、その意味において益をなし、福音の進歩生長を助ける。こうして、思うよりもはるかにすみやかに神の聖名《みな》が揚がり、社会民衆の教化《きょうけ》が行われる。である。種を播いても、春が来なければ、花が咲き葉が萌え出て生長が始まらないのと同じである。人は種を播く以上に春を呼び来たることができないように、福音を説く以上にその生長を計ることができない。このことを忘れて、人が神に代わって急激な生長を計ろうとするために、生長を見ることなく失望するのである。

こう言うが、私に先見の明があって横井君になかったと言うのではない。前にも述べたとおり、伝道に失望したことにおいては、私も横井君もその他の諸君も同じである。ゆえに私たちは横井君が政界に入ったことについて責めることができないのである。私などは、君と離れてほとんど三〇年後の今日、初めてこのことに気づいたのである。横井君もまた長い間、病床にあって、よくこのことに気づかれただろうと思う。

つまり問題は誰彼の問題ではない。私たちの後に来る若き伝道師の問題である。彼らは私たちに学んで、私たちがなした過失《あやまち》を繰り返してはならない。伝道は忍耐を要する事業であり、そしてまた神と共に働く事業であることを知り、急いではならない。

不敬罪になろうとも、日本もキリストも捨てることはできない

明治の中頃、日本のクリスチャンを悩ませた問題は、「我が国の国体とキリスト教」という問題であった。そしてキリスト教は我が国体に合わないとの理由の下に、私たちは強い攻撃に遭《あ》ったのである。そして私自身があること〔第一高等中学校不敬《ふけい》事件のこと〕から、特に攻撃の的となり、そのために少なからず同信《どうしん》の友を苦しめたのである。私が特に横井君のお世話になったのはこのときであった。

君は大いに私のために社会に向かって弁護してくださった（注27）。しかし、社会は私たちの弁明に耳を貸《か》してくれなかった。私などは、「不敬漢《ふけいかん》」の一言の下に、社会の水平線下に葬られた。二〇年間、「前科者」として、教育界、思想界では取り扱われた。その当時、キリスト教が日本の社会のこのオジアム（汚名）からどのように脱出できるか、とうてい解決の見込みのない問題であった。

私たちは日本もキリストも捨てることはできない。しかし、私たちにかかわる日本人全体の疑いを晴らす道がなかったのである。

しかしながら、時は急激に変化した。忠君愛国《ちゅうくんあいこく》の声は静まった。新聞と雑誌は、そ

の文字さえも使わないようになった。日本人全体が愛国を忘れて恋愛至上主義に耳を傾けるようになった。ここにおいて忘れられていた私たちが再び愛国を唱えるようになった。そして私たちクリスチャンに最も鋭い攻撃の矢を放った某氏（井上哲次郎《てつじろう》のこと）などは、彼自身が日本開闢《かいびゃく》以来最大の不敬漢であるという理由で、水平面下に葬られるに至った。

今や日本において不忠《ふちゅう》不敬の理由でキリスト教信者を攻める者はいない。時勢がこの問題を解決してくれた。私たちクリスチャンは、神ご自身がこの難問題を私たちのために解決してくださったのだと言っている。

（注27）横井時雄は「徳育に関する時論と基督教《キリスト》」を『六合雑誌《りくごう》』に掲載して、井上哲次郎（日本初の哲学の教授）に反論して、内村を擁護した。

伝道こそが霊魂に永遠の生命を供する

このように、横井君は伝道の効果について失望する必要はなかったのである。君はそのまま伝道を継続して、政治に入らないでおられればよかったのだ。

しかし神は万事をご存じである。何が善かったか悪かったかは、最後の審判のときに至らなければ分からない。少なくとも君自身のためのことを考えると、政治を試みるのは善かったと思う。政治に失敗して、君の眼が外界に向かって閉じられて、内を探り、上を仰ぐに至った。

失礼な申し分であるが、横井君が救われるためには君が政界で失脚する必要があった。この失脚があったために、私たちクリスチャン・フレンズは天国において再び君と相会うことに確かなる希望を持つ。

そして、また横井君の伝道は決して失敗ではなかった。君の伝道によって救われて今なお信仰的生涯を送っている者をところどころで見る。横井君の感化がいかに深かったか、その一端をうかがうに足りる。

死に臨んだ人を慰めるに足る唯一の事業は伝道である。軍功も政治も文献も、死に臨んだ人を慰めるに足らない。ただ一つ伝道こそが、一人の霊魂に永遠の生命を供する機関であるということの自覚、これのみが臨終《いまわ》のときの慰めであり、また力であることは、多くの人の死に方によって知られる。

そして横井君にも、確かに人生最大のこの慰めがあったのである。「僕が洗礼を授けてやった人たちはたいてい信仰を持ち続けている」とは君の追懐〔追想〕であったと聞いた。まことにそのとおりである。その点において横井君は決して失敗者ではなかった。明治時代のいかなる政治家も、死に臨んでこの満足を抱くことはできなかった。

成功を人生最大の目的と見なす者は、クリスチャンのこの満足、この喜びを知らない。横井君を失敗者と見なす者は、君が青年時代において霊魂の奥に蓄《たくわ》えた宝に着目することができない者である。

そして君は生涯の終わりにおいて再びこれを取り出し、キリストの光に照らし、信仰でもってこれを磨き、感謝をもって天父《てんぷ》〔キリスト教における神〕のふところへ還られたのである。

解説　近代日本を生き抜いた伝道者の姿

本書は、『内村鑑三信仰著作全集17　伝道』（教文館）を参考に、雑誌「聖書之研究」および「東京独立雑誌」、日刊紙「萬朝報《よろずちょうほう》」などから「伝道」に関する記述をまとめたものである。内村の生涯については、旧版の「教養の大陸」シリーズ『代表的日本人』でも解説されているので、ここでは簡略に記したい。

内村鑑三は、一八六一（文久元）年に、高崎藩士内村宜之《よしゆき》の長男として江戸に生まれた。明治維新を経て、一八七四（明治七）年に東京外国語学校、一八七七（明治一〇）年に札幌農学校に入学。翌年、一八歳で受洗する。首席で卒業後、北海道開拓使御用掛となり、二三歳で農商務省水産課に着任。一八八四（明治一七）年に私費で渡米し、翌年、アマースト大学に選科生として入学（八七年に卒業）、一八八八（明治二一）年に帰国する。帰国後は教師としていくつかの学校に勤めるが、一九九一（明治二四）年、勤務先の第一高等中学校で教育勅語に敬礼しなかったことで社会から非難を浴びて免職（不敬事件）。その後も学校を転々としながら、執筆活動に入る。

一八九七（明治三一）年、日刊「萬朝報」の英文欄主筆となるが、翌年退社。同年、社会批評雑誌「東京独立雑誌」を創刊するが、翌年廃刊し、「聖書之研究」を創刊、主筆となる。また、「萬朝報」の客員となるが、非戦論を唱えて、一九〇三（明治四三）年に再び「萬朝報」を辞することとなる。「聖書之研究」の執筆を中心に無教会主義を唱導して、伝道活動を行い、生涯を全うする。本書の内容の大半はこの「聖書之研究」に負っている。

仕事にも表われた内村の信仰態度

内村の門下生の一人、矢内原忠雄（一八九三〜一九六一）が、「(内村鑑三は)『聖書之研究』誌に閉じこもって、地味に、静かに聖書の研究と伝道とに専念しました」（矢内原忠雄著『続 余の尊敬する人物』）と語るように、「聖書之研究」創刊は内村にとって本格的な伝道のスタートであった。

内村の伝道は、この雑誌と著書を通して神の言葉を宣《の》べ伝える文書伝道を主軸に、日曜には自宅（東京府豊多摩《とよたま》郡淀橋《よどばし》町柏木《ちょうかしわぎ》、現在の東京都新宿区北新宿）横の今井館聖書講堂で聖書講義を行い、また全国各地で伝道講演を行うというスタイルであった。そのかたわら、葉書や手紙を用いて伝道していたようだ。一九一八（大正七）年九月九日の日記には、「ほとんど全日を手紙書きに消費した。内国人に外国人に、学者に平人に、限りなく手紙を書かねばならぬ。しかも大いなる喜びであると同時に、また善き伝道の機会である。手紙一本、葉書一枚、決してゆるがせにすべからず」と記している。

この生真面目でまめな性格は仕事にも表れており、弟子の一人、石原兵永《ひょうえい》（一八九五〜一九八四）は、「先生はいつも急がずあわてずに、ゆっくりと時間をかけて仕事をされる。はたから見ると、先生はいつ原稿を書くのかと不思議に思えるが、しかし仕事はちゃんと確実に出来上がるのである」（『身近に接した内村鑑三（中）』）と回想し、勤勉な態度は信仰態度そのものでもあったと述懐する。また、内村自身、「僕はいまだかつて原稿〔締切〕日に原稿を揃えなかったこと（中略）はない。（中略）過去三〇年間この習慣を続けてきた」（一九二六〔大正一五〕年三月一六日の日記）と語っている。

伝道は信仰の表白《ひょうはく》

ここで本書の内容に関して、いくつか補足をしておきたい。

第二章「私の伝道方法」で内村は、伝道は「表白《ひょうはく》」であると説いている。表白とは考えや気持ちを言葉で表すこと、つまり信仰告白である。これについては内村自身の著書『一日一生』（警醒社書店）でも、「キリスト教の伝道は表白であります。これは『汝、罪を悔い改めよ』というのではなくして、『我、我が神の恩恵《めぐみ》によりてかく成るをえたり、我は汝にこのことを知らせんと欲す』ということであります。そうして有力なる伝道はつねにかかる伝道であります。（中略）神学研究はいかにその薀奥《うんおう》〔奥義〕に達するとも、キリスト教の伝道師をつくりません。世に示すべき心霊的実験の事実を持たないものは、伝道師として世に出てはならないと思います」と述べている。自身の信仰体験を語ることこそが伝道に有力であるという。

伝道に踏み出せない信仰者の悩みに対して、第四章「真の伝道師になれ」では「伝道できない言い訳を排せ」と訴えるが、日記には次のようにも記している。

「清水もたまっていては駄目である。動き始めて用をなすのである。（中略）人もまたいつまでも沈思黙考にのみふけってはならぬ（中略）。知識も信仰も受けるのみでは腐敗を醸《かも》す。（中略）受けるのみで与えないために、出口なき死海のごとく水は腐れて、地と人とを害す」（一九二〇〔大正九〕年八月一六日の日記）

アウトプットを伴わないインプットは単なる時間つぶし、暇つぶしと同じであるという、現代にも通用する理論だ。

一心不乱に正義を貫く

第三章「伝道と政治」では、「正義」について論じており、政治家の仕事は正義を行うことであり、その意味において政治は正義そのものを信仰する宗教とつながると説く。「正義を知らない政治家は弱い」と嘆くが、これもまた現代にも十分通じるのではないか。内村はカリフォルニア州の排日土地法案（一九一三年）に始まるアメリカの排日移民法（一九二四年）に対して、正義の観点から激しく反対している。その様子について前出の石原はこう記す。

「(内村は）この問題に対しては、最初から重大関心をよせ、とくに日本に対する米国の国際的な不信不義としてはげしく反対した」（『身近に接した内村鑑三(下)』)

さらに、本法案が与える問題の深刻さを理解していない日本国民に対しても、「これでは日本は滅亡する、排斥されても仕方がない」と嘆いたという。

このとき、内村は六四歳。ペンで戦った「萬朝報」を退社してから二〇年を経過していたが、意気はますます盛んである。非戦論を説いたときに袂《たもと》を分かったジャーナリスト・徳富蘇峰《とくとみそほう》と撚《よ》りを戻して、雑誌や新聞でアメリカを非難し、日本の進むべき道を説いた。このように全身全霊で正義と信じたことを貫き通す姿を、門下の野村実《みのる》（一九〇一〜九六）は、こう語っている。

「先生は何かひとつのことを強く主張しようとすると、他をすてて顧みないかのようでした。悪く言えば、一つのことにムキになり、両側方に目かくしをされた馬車馬のように前一方をしか見なかった。これは先生のクセであるよりは、生き方でした。人の顔色をうかがわない」（鈴木俊郎編『内村鑑三と現代』）

なお、本書第三章中の「② 政治と正義」は、自由投票同志会発起の演説会のために用意した原稿で、「聖書之研究」（一九〇三年二月）に掲載されたものである。この演説では、信仰の確信から生まれる信念の強さを、内村は身をもって示してくれたと言える。

世界伝道への夢

第四章「真の伝道師になれ」には、「私の伝道考察」と題して、中国（当時、中華民国）とアフリカ（マダガスカル）におけるキリスト教布教の経緯を収めている。それぞれ、一九二二（大正一一）年一二月七日に柏木今井館聖書講堂で開催された「世界伝道協賛会」における演説と、一九二三（大正一二）年二月八日に行われた同協賛会の演説である。

第五章「いざ、世界伝道へ」でも熱く語っているとおり、内村は「世界伝道」への夢を持ち続けた。そして一九二二（大正一一）年、六二歳のときに「世界伝道協賛会」を立ち上げ、寄付金を募って、海外伝道の資金援助に供した。また、一九二六（昭和元）年三月には、「The Japan Christian Intelligencer」という英文月刊雑誌を発行し、日本人特有のキリスト教的信仰を外国に紹介しようとしている。内村の墓碑銘には、

「我は日本のために／日本は世界のために／世界はキリストのために／そして、すべては神のために」

と記されているが、この言葉は、アマースト大学留学中に愛用した聖書の見返しに「余の墓石に刻むべきもの」として書き付けられたものとされる。この言葉について矢内原は、「彼の生涯の祈りであり、また彼の生涯でありました」（矢内原前掲書）と述べているが、内村の生涯は「信仰」に始まり「信仰」に終わったと言えよう。

特別収録二編のうち、「クラーク先生の思い出」は一九一二（明治四五）年一〇月に一五日間にわたって繰り広げられた札幌伝道におけるものである。また、「政治家を志した友人への追悼メッセージ――故横井時雄君のために弁ずる」は、一九二八（昭和三）年四月一四日に東京青山会館で開催された横井時雄追悼演説会での演説草稿である。

エピソード① 「失敗を恐れずにやってみよ」

最後に、内村のエピソードをいくつか紹介したい。内村自身が日記をしたためているほか、門下生たちから見た内村の人となりについての記述が数多く残されている。

たとえば前出の石原が進路について相談したとき、内村はこう教導した。

「何でもよいから、自分のためでなく、神のために、それが一番よいと決定したら、一つそれをやって見たまえ。一心にやって見たまえ。もしそれが誤りであったならば、君は失敗する。それでよい。誤解と失敗とは決して恐れるに足りない。やろうと思ったら勇ましくやって見よ。必ず運命が開かれる。失敗したら、失敗してもよい。それを怖れて万事に気を配るから、何もできないのである。君、この事を一つ実行して見たまえ」（『身近に接した内村鑑三（上）』）

これは現代にも十分に伝わる言葉だろう。石原が「学校につとめても、つまらぬ仕事や雑用に自分の時間と全精力を用いるのは、もったいないような気がするのですが」と言うと、「人生の大部分はドラッジャリー（drudgery〔骨折仕事〕）である。重荷を負って牛車を強く引かねばならぬ。それが人生であるのだ。イエスもそれをなされた。もし君にその仕事が堪《た》えられないのならば、君はどこへ行っても役に立たぬ。それをいやがってはだめだ。君がやらなければ、誰かがやらねばならないではないか。同じいやな仕事を、君がやる時には、正しく勇ましくそれをやってのけなければならぬ。その仕事を君がやらないのならば、君はその仕事について論ずる資格がないのだ。かく牛車を引いて得た自由でなければ貴くないのだ」と、人生と仕事の意義について、厳しく諭されたという。

ちなみに、内村はこの世で生きる意味を次のように説いている。

「この世は不完全きわまりない世であるという。そのとおり、肉体の快楽を得ようとするには実《まこと》に不完全きわまる世である。しかし、神のことを識《し》ろうとするためには、また愛を完《まっと》うしようとするためには、これより完全な世があるとは私には考えられない。忍耐心を練るため、寛容の心を増すため、そして愛の極致を味わうためには、この世は最も完全な世なのだ。私はこの世を遊戯場としては見ない。鍛練場として理解している。そのためにこの世が不完全であることを見ても驚かない。ひたすらこれによって自分の霊性を完成させようと思っている」（鈴木俊郎編『内村鑑三所感集』）。

エピソード② 内村鑑三の目に映じた関東大震災と信仰

内村は関東大震災（一九二三〈大正一二〉年九月一日）を六三歳のときに体験している。当時、内村は避暑で軽井沢に滞在中だった。

「正午少し前に強震を感じた。浅間山噴火の前兆ではないかと思って驚いた。ところが少しもその様子もなく、あるいは東京方面の激震ではないかと思い心配した。夜半になって予想どおりであることを知らされて驚いた。東南の空、はるかに火焔《かえん》が上がるのを見た。東京にいる妻子家族の身の上を思い、心配でならなかった。夜中、何回となく祈った。そして祈ったあとに大いなる平安を感じ、黎明

まで安眠した」（一九二三〔大正一二〕年九月一日の日記）

同行していた石原は、「先生は庭先の草の上に椅子を出し、暗やみの中で、いつまでも祈っておられた」と述懐する（『身近に接した内村鑑三（中）』）。

翌日、東京の情報が明らかになってくると、内村は石原に「東京に帰ろう。そしてみんなと共に我らも死のう。君、駅へ行って二等切符を二枚買ってくれたまえ」と言った。東京行きの上り列車に乗り込むが、途中、川口駅で停止。荒川橋梁が崩れかけていたのだ。内村たちは降車して、徒歩で傾いた橋の横桁を伝って東京に入る。そして歩いて自宅のある柏木に到着したのは夜一〇時だった。

幸い内村の家族は無事で、隣接する今井館聖書講堂も無傷であった。ただ四年間にわたって伝道の拠点としていた大手町の大日本私立衛生会講堂は灰燼《かいじん》に帰した。一方、「聖書之研究」の印刷所は無事で、最新号の版がほとんど組み上がっていたため（当時は活版印刷）、奇跡的に発刊に漕ぎつけた。

翌月号は「地震号」と内村が称するように、大震災関連の記事を並べた。「創世記」に登場する、神の怒りを買って滅ぼされた、悪と快楽と退廃の都ソドムとゴモラに東京を重ね合わせて、論考「ソドムとゴモラの覆滅《ふくめつ》」を掲載。他のページでは「信仰の大々的試練である。信者は信仰によって、この大困難に打ち勝つであろう」と読者を励ましている。

焼け野原の東京では聖書を買い求める人々が見られた。神に天変地異からの救いを求める人々であった。だが内村はそれを単純には喜ばなかった。

「多くの人は罪を悔いて、神を信ずるに至るであろうと人は言う。しかし私はそうは思わない。人は恐怖によって罪を悔いることもなく、また神を信じない。人に悔い改めを起こすものは恐怖ではなく愛である。（中略）地震によってできた信者は、地震の記憶が薄らぐと同時に消失する信者である。伝道はつねになすべきことであって、今、特別になすべきことではない。地震も雷も人を信者になさない。人を信者になすものは、ただ神から出る聖霊のみである」（「聖書之研究」一九二三年一一月号「災後餘感《さいごよかん》」）

「真実の信仰とは何か」を知る内村にとって、恐怖による信仰は本物ではなく、神の愛に気づくことでこそ人は神を信じることができるという。

エピソード③　「星之友会」と宇宙と信仰と

内村は宇宙や天体に強い関心を示していた。晩年、「星之友会」という集いを開いている。今井館聖書講堂で祈禱《きとう》、聖書講義の後、専門家を招いて天文学講義や庭に出て天体観測を行ったという。当時の新宿は武蔵野の風景が広がり、街灯も少なく、夜空は澄んでいたのだ。

元来、内村は自然科学の才があり、水産学を専攻し、生涯、聖書とともに内外の自然科学の専門書に親しんだ。一九一九（大正八）年一二月一日の日記を見ると、「天文書二冊と双眼鏡一個を買い求めた。日が暮れるやいなや、じかに天を覗《のぞ》く。まず第一にリラ星座（琴座）のベガを覗いたとき、そのかたわらに五等星ぐらいの連星があるのを認め、非常にうれしかった」とある。

このような記述がこの時期の日記に多数散見されるが、一九二〇〔大正九〕年八月六日の日記には、「彼方《かしこ》に幾千万という太陽が別に組織を成して、別宇宙を構成しているのである。彼方にもまた生命があるであろう。人間がいるであろう。しかし必ずしも涙と失望とがあるとは限らない。いずれにしろこの地球ばかりが神の造りたまいし世界ではない」と書いている。

大宇宙の神秘に神を見ることは信仰者にとって必然の成り行きでもあろうが、大正時代に地球外生命体の存在に思いを馳せた日本人はどれほどいただろう。

二一世紀の今も、明治大正期に活躍した一信仰者からの学び多きことを、本書を通じて知っていただければ幸いである。

「教養の大陸」編集部

著者＝ 内村 鑑三（うちむら・かんぞう）

1861～1930年。明治・大正期に活躍した、日本を代表するキリスト教思想家、社会批評家。「無教会主義」の主唱者。札幌農学校でキリスト教に出合い、米アマースト大学などで信仰を深める。第一高等中学校教員時代、教育勅語の天皇署名に対する敬礼を拒否したことが社会問題となる（不敬事件）。「萬朝報」や「東京独立雑誌」でキリスト教に基づく社会批判を展開し、雑誌「聖書之研究」でキリスト教に関する研究を発表。主な著作は『代表的日本人』『余は如何にして基督信徒となりし乎』『後世への最大遺物』など。

内村鑑三の伝道論

なぜ宗教が必要なのか

2016年3月10日　初版第1刷

著　者　内村 鑑三

発行者　佐藤 直史

発行所　幸福の科学出版株式会社

〒107-0052　東京都港区赤坂2丁目10番14号

TEL（03）5573-7700

http://www.irhpress.co.jp/

印刷・製本　中央精版印刷株式会社

落丁・乱丁本はおとりかえいたします

ISBN978-4-86395-769-5 C0014

［カバー］©hikdaigaku86-Fotolia

新・教養の大陸

BOOKS

「教養の大陸」シリーズ
発刊に際して

21世紀を迎えた現在にあっても、思想やイデオロギーに基づく世界の紛争は深刻化し、収まる気配を見せない。しかし我々は、歴史の風雪に耐え、時代や地域を超えて愛される真の古典においては、人類を結びつける普遍的な「真理」が示されていると信ずる。

その真理とは、光の天使ともいうべき歴史上の偉人、あるいはそれに準ずる人々が連綿と紡ぎだし、個人の人格を高め、国家を繁栄させ、文明を興隆させる力となるものである。

世間で一定の権威を認められている作品であっても、もしそれが人間の魂を高尚にせず、国家を没落させるものであれば、やがてその価値を剥奪され、古典ではなく歴史資料でしかなくなるだろう。

今、大切なことは、はるかに広がる学問の世界の大地、「教養の大陸」を認識することである。真理を含んだ古典は人をこの教養の大陸へと誘《いざな》う。我々は、この意味における真の古典を厳選し、それを人類の知的遺産・精神的遺産として正しく後世に遺し、未来を担う青少年をはじめ、日本国民の魂の向上に資するため、真なる教養書として、ここに「教養の大陸」シリーズを発刊する。

2009年10月

人生に光を。心に糧を。

新・教養の大陸シリーズ　第三弾

本多静六の努力論

人はなぜ働くのか

本多静六 著

1,200 円（税別）

日本最初の林学博士として、全国各地の水源林や防風林の整備、都市公園の設計改良など、明治から昭和にかけて多大な業績を残し、一介の大学教授でありながら、「四分の一貯金法」によって巨万の富を築いた本多静六。本書は、宇宙論から始まり、幸福論、仕事論、努力の大切さを述べた珠玉の書であり、370 冊を超える著作のなかでも、本多思想の全体像をつかむ上で最適の一冊。

新・教養の大陸シリーズ　第四弾

江戸の霊界探訪録

「天狗少年寅吉」と
「前世の記憶を持つ少年勝五郎」

平田篤胤 著
加賀義＝現代語訳

1,200 円（税別）

文政年間の江戸で話題となった天狗少年・寅吉と、前世を記憶している少年・勝五郎の２人を、国学者・平田篤胤が徹底調査した霊界研究書。臨死体験、死後の世界や生まれ変わりの状況から、異界（天狗・仙人界）探訪、月面探訪まで、今もインパクト十分な超常現象の記録が現代語訳化でよみがえる。江戸版「超常現象ファイル」ともいうべき書。